郭　阳◎著

耕地空间特征
对流转市场耕地资源配置的影响

中国财经出版传媒集团
经济科学出版社
Economic Science Press

图书在版编目（CIP）数据

耕地空间特征对流转市场耕地资源配置的影响/郭
阳著.—北京：经济科学出版社，2021.10
ISBN 978 - 7 - 5218 - 2785 - 9

Ⅰ.①耕…　Ⅱ.①郭…　Ⅲ.①耕地资源 - 资源配置 -
研究 - 中国　Ⅳ.①F323.211

中国版本图书馆 CIP 数据核字（2021）第 169089 号

责任编辑：周国强
责任校对：杨　海
责任印制：张佳裕

耕地空间特征对流转市场耕地资源配置的影响
郭　阳　著
经济科学出版社出版、发行　新华书店经销
社址：北京市海淀区阜成路甲 28 号　邮编：100142
总编部电话：010 - 88191217　发行部电话：010 - 88191522
网址：www.esp.com.cn
电子邮箱：esp@esp.com.cn
天猫网店：经济科学出版社旗舰店
网址：http://jjkxcbs.tmall.com
固安华明印业有限公司印装
710×1000　16 开　11.75 印张　200000 字
2021 年 10 月第 1 版　2021 年 10 月第 1 次印刷
ISBN 978 - 7 - 5218 - 2785 - 9　定价：68.00 元
（图书出现印装问题，本社负责调换。电话：010 - 88191510）
（版权所有　侵权必究　打击盗版　举报热线：010 - 88191661
QQ：2242791300　营销中心电话：010 - 88191537
电子邮箱：dbts@esp.com.cn）

前　言

　　我国现有耕地数量十分有限，且可供继续开发的资源严重不足，耕地流转被认为是我国农业规模经营发展的唯一途径。然而，现阶段流转市场中的耕地流向趋于分散，流向规模经营主体的占比不足40%，这与理论预期和政策目标均不一致，原因值得深入研究。根据经济理论，市场价格机制配置资源的一般性原则的重要前提是资源是同质的，那么我们不免思考流转市场中的耕地是否是同质的？不同流向的耕地存在什么异质性？导致耕地流向不同的机制是什么？是否会影响流转市场的资源配置和农业规模经营？以上问题的研究将有助于加深对耕地流转市场的认识，以及对耕地流转市场与农业规模经营的内在联系和了解。

　　耕地不是一般性同质商品。作为一种生产资料，其土质、地质、地貌、水文等物理、地理特性会存在明显的差别，直接影响经营者的生产方式，因而其价值与地块特征相关；同时作为一种生活资料，与其拥有者的生活空间和生活方式紧密相关，在就业、养老等方面具有多重功能，其价值又与农户的特征相关。在流转市场的耕地交易过程中，价格条款不仅仅是交换过程中涉及的货币，还包含与要素相关的权益，如产权的保护、人情的交换等，因而耕地的价值并不简单的等同于货币价格。

由于农业生产中作物的生长和人的活动往往是在由田埂划定的空间范围内进行的，地块的空间特征是影响农业技术采用和生产成本的重要因素，因而本书将从耕地空间位置的固定性视角分析流转市场中耕地的异质性。流转市场中耕地的租金来源于经营者转入地块利用的"超额利润"，由于地块分布的随机性，不同面积和位置的地块在流转市场上对于不同潜在转入户的租金存在差异，谁会为耕地支付更高的租金，不仅取决于转入者的生产经营能力，还受地块与转入者的相对位置的影响。本书在理论上分别从地块层面讨论转入地块的面积与位置对生产的规模经济的影响和从农户层面探讨不同农户对转入地块的空间特征偏好的异质性，从而判断流转市场中地块的空间特征对其流向的影响。在此基础上，进一步构建数理模型分析耕地流转市场对农业规模经营的影响及约束条件，以及未来的发展趋势。

本书研究的总目标是分析耕地的空间特征对流转市场资源配置的影响。将从经济学理论出发，分析流转市场中转入地块的面积与位置对农业生产的地块层面规模经济的影响，并比较不同规模农户对转入地块的面积和位置偏好的异质性，进而确定实现规模经济和促进农业规模经营的有利条件，并判断未来的发展趋势。本书针对地块的空间特征对农业生产、耕地流向，以及农业规模经营的影响逐步进行了实证检验，主要研究内容和相关结论陈述分为以下四个部分。

研究内容一：转入地块的空间特征对地块层面规模经济的影响。

本部分的研究将耕地空间位置的固定性引入规模经济的分析框架，探讨农户转入面积或位置不同地块的规模经济效益的差别。基于黑龙江、河南、浙江和四川的4个省份农户和地块层面的抽样调查数据，利用投入产出模型和生产成本模型的实证分析，分别考察了转入地块面积与位置对农业生产投入产出和单位产品成本的影响，以检验流转市场中不同面积和位置的地块价值的差异。理论和实证分析的结果均显示：在流转市场中，转入面积大或与原有土地位置相连的地块均可以提高技术上的生产效率，降低扣除地租之后的单位产品成本，存在明显的地块层面的规模经济。面积大或与原有土地位置相连的地块的高租金率源于生产环节的规模经济，即地块层面的规模经济能够激励农户支付更高的租金来获得具有该空间特征的耕地。但是，随着转入地块面积的扩大，带来的地块层面规模经济增量呈递减趋势。

研究内容二：不同农户对转入地块空间特征的偏好的异质性。

本部分的研究是通过比较不同经营规模农户资源禀赋的差异，考察其对转入耕地的空间特征偏好的异质性，从而判断和检验流转市场中不同面积与位置的地块的流向的差异。基于黑龙江、河南、浙江和四川的4个省份地块层面的抽样调查数据，利用双变量 Probit 模型检验规模户与普通户对不同特征地块转入行为的差异，并通过系统比较规模户与普通户经营耕地的细碎化程度，验证地块的空间特征影响耕地流向的判断。理论和实证分析的结果显示：由于农户要素禀赋的约束，不同规模农户的劳动力稀缺程度和机械替代需求存在差异，带来对转入地块的空间特征的偏好的异质性。劳动力稀缺程度和机械替代需求较高的规模户偏爱流转市场中的大地块和位置相连的地块，而零散的小地块与规模户的资源禀赋和生产方式不相恰，得不到规模户的"偏爱"；普通户对转入地块的空间特征并无明显偏好或排斥。同时，由于规模户有经营能力和技术上的优势，相对于普通户转入面积大或位置相连的地块能获得更高的边际产出，意味着规模户可以为其支付更高的租金，在市场化条件下更倾向于流向规模户；而零散小地块得不到规模户的"偏爱"，但普通户也并不"排斥"，因而其以流向普通户为主。

研究内容三：耕地流转市场发展对农业规模经营的影响及约束条件。

本部分的研究是考察耕地流转市场与农业规模经营的内在联系，以及约束条件。流转市场的发展一方面为耕地向少数经营者集中形成规模经营创造了条件，另一方面耕地流转市场的扩大促进了零碎地块的合并，改善了流转市场中地块分散化的特征，有利于更大比例的耕地流向规模户，进而促进农业规模经营的发展。本部分进一步利用黑龙江、河南、浙江和四川的4个省份 2015 年和 2018 年两期村级层面的抽样调查数据实证检验，结果显示：耕地流转市场发育对农业规模经营有显著的正向影响，但会受到耕地资源数量和细碎化程度的影响。相对于户均耕地面积较小的地区，户均耕地面积较大的地区通过连片达到地块规模经济"面积门槛"所需地块数量更少，流转耕地形成连片的概率越高，流转市场耕地集中化的程度越高，流向规模户或形成规模户的可能性越大，相应区域的农业规模经营程度也越高，从而强化了耕地流转市场对农业规模经营的促进作用。而相对于户均地块数量较少的地区，户均地块数量较多的地区的流转市场中的耕地分布更零散，连片形成面积达到"面积门槛"地块的概率越低，流转市场耕地分散化的程度越高，耕地流向规模户或形成规模户的可能性越小，相应的规模经营水平也越低，进而弱化了耕地流转市场对农业规模经营的促进作用。

研究内容四：农村人口老龄化和收入结构非农化背景下农业规模经营的发展趋势。

本部分在前文研究结论的基础上，进一步分析和检验农村人口老龄化、收入结构非农化背景下，耕地流转市场的扩大对农业规模经营的影响及变化趋势。基于黑龙江、河南、浙江和四川的4个省份2015年和2018年的农户层面和村庄层面的抽样调查数据，分别构建农户耕地转出决策模型和农业规模经营的影响因素分析模型进行实证检验。结果表明：从农户层面来看，农户非农收入占比和劳动力数量（尤其是60岁以上劳动力数量）对农户耕地转出决策和比例均有促进作用，意味着随着年龄的增长和非农收入占比的增加，会有更多数量的农户选择转出耕地，且转出的比例也会更大。从村级层面来看，在人口老龄化和收入结构非农化的趋势下，流转市场中耕地的数量将逐步增加，而新增与原有耕地连片的概率将逐渐变大，意味着耕地流转市场的发育将带来农业规模经营的加速发展。

总体上，在地块随机分布的耕地流转市场中，转入者面临空间位置分散的耕地供给，而地块面积小或位置分散妨碍了转入者的规模经济效益，难以形成经营者层面的"规模化"经营，或得不到已实现"规模化"的经营者的偏好，从而造成了耕地流向的分散。然而，随着耕地流转市场的发展，地块可能通过相邻合并以扩大地块面积，改善流转市场地块零散分布的特征，有助于规模户的形成或转入更多的耕地，促进农业规模经营的发展，但该效应会受到耕地资源禀赋的约束。在农村人口老龄化和收入结构非农化的背景下，耕地流转市场的进一步扩大将促进我国农业规模经营的加速发展。

目　录

第 1 章

引　言

1.1　问题提出

　　21 世纪以来，随着城镇化的深入推进和大量农业劳动力向非农产业的持续转移，我国耕地流转数量迅速增加。1999 年全国耕地流转比例仅为 2.53%，到 2017 年全国转出耕地的农户达到 7071 万户，占农户总量的 31.1%；流转面积达到 5.12 亿亩，占家庭承包耕地总面积的 37.0%。[①] 流转市场的发展为耕地向少数经营者集中形成规模经营提供了条件。然而，尽管政策通过补贴倾斜乃至一些地方直接实施行政干预，鼓励承包经营权在公开市场上向专业大户、家庭农场、农民专业合作社、农业企业流转，现实却是普通小农户之

---

① 根据《中国农业统计资料（2017）》中数据计算得到。

间的零散流转始终占据主导地位。2008 年中国人民大学"中国 17 省农村土地调查"数据显示，79.2% 的流转耕地流向了普通农户，以亲友和村民之间的流转最为常见（叶剑平等，2010）；2009 年的 6 省调查显示，耕地流转关系中普通农户之间流转的占比为 64%（Gao et al.，2012）；钱忠好、冀县卿（2016）的 4 省调查结果显示，普通农户之间耕地流转的占比为63.65%。一些全国性的调查也表明，普通农户之间的正式或非正式流转占主导地位。例如：全国农村固定观察点 2014 年的调查数据统计显示，普通农户之间的耕地流转比例为 58.4%（唐轲，2017）；另一项调查显示，截至2016 年规模经营主体转入耕地面积约占流转总面积的 41%（张磊、罗光强，2018）。

　　流转市场的耕地资源在重新配置时，主要流向了普通户，而不是经营效率高的规模经营户，为什么？按照市场配置资源的一般性原则，耕地作为一种生产要素，应当流向经济效率更高的经营主体。大量关于农业规模经营或适度规模经营的研究表明，规模户相对于普通户具有更高的经济效率，经营面积的扩大能够带来生产技术、要素和产品相对价格的变化，降低产品平均生产成本（Tan，2008；许庆，2011；Otsuka，2016b；卢华，2016；唐轲，2017）。与此同时，地租是土地超额利润的转化形式，转入户作为耕地的劳动者或经营者，只取得正常的劳动、投资和经营报酬，超出正常利润的部分将转化为耕地租金由耕地所有者获得（Johnson，1959；钟甫宁等，2008），在我国的耕地分配制度下由具有承包权的农户获得。由于经营面积的扩大可以降低生产平均成本，同等条件下能够产生更高的超额利润，则意味着规模户能够支付且支付得起更高的地租，包宗顺（2009）、江淑斌（2013）、付振奇（2017）等研究调查显示流转市场中存在租金分层现象，规模经营主体为转入耕地支付的租金水平更高，那么其在流转市场应当是主要的耕地转入者。然而，当前的耕地流转仍以零散流转为主，流向规模经营户的耕地数量占比不高，导致耕地流转市场"失灵"的原因是什么？

　　通常，政策的不当干预被认为是导致"市场失灵"的主要原因之一。一直以来，我国政府对耕地配置都进行着强烈干预（马志远，2011；孙伟，2013；黄忠怀，2016；马贤磊，2016；马艳利，2018）。从 1982 年《宪法》

规定"禁止土地租赁"①，到 1993 年中共十四届三中全会提出"允许土地使用权依法有偿转让"②，再从 2002 年《农村土地承包法》"可以依法采取转包、出租等方式流转"③，到 2013 年中央一号文件"鼓励和支持承包土地流转"④。我国耕地流转政策经历了从禁止到默许、从允许再到鼓励支持的多个阶段（付江涛，2016；冯淑怡，2017）。尤其近几年，国家对耕地流转的支持力度日益加大，中共十七届三中全会提出要"按照依法自愿有偿原则允许农民以转包、出租、互换、转让股份合作等形式流转土地承包权，发展多种形式的适度规模经营"，然后中共十八届三中全会再次强调"鼓励承包经营权在公开市场上向专业大户、家庭农场、农民专业合作社、农业企业流转，发展多种形式规模经营"，到 2014 年底中共中央办公厅、国务院办公厅又联合印发了《关于引导农村土地经营权有序流转发展农业适度规模经营的意见》，有些地方政府还专门出台了耕地流转补贴政策，耕地流转和农业规模经营已成为我国耕地政策的重要目标。从政策干预的方向来看，显然不是导致当前耕地流转市场"失灵"的因素。

价格机制作为配置资源的一般性原则，其重要前提是资源是同质的，而耕地不是一般性的同质商品。作为一种生产资料，其土质、地质、地貌、水文等物理、地理特性会存在明显的差别（钟甫宁，2011），直接影响经营者的生产方式，因而其价值与地块特征相关；同时作为一种生活资料，与其拥有者的生活空间和生活方式紧密相关，在就业、养老等方面具有多重功能，其价值又与农户的特征相关。在耕地交易过程中，价格条款不仅仅是交换过程中涉及的货币，还包含与要素相关的权益（田先红、陈玲，2013），例如，

① 1982 年颁布的《中华人民共和国宪法》第十条第四款规定："任何组织或者个人不得侵占、买卖、出租或者以其他形式非法转让土地。"
② 1993 年 11 月，中共十四届三中全会通过了《中共中央关于建立社会主义市场经济体制若干问题的决定》，提出"在坚持土地集体所有的前提下，延长耕地承包期，允许继续开发性生产项目的承包经营权，允许土地使用权依法有偿转让"。
③ 2002 年 8 月，《中华人民共和国农村土地承包法》第三十二条规定"通过家庭承包取得的土地承包经营权可以依法采取转包、出租、互换、转让或者其他方式流转"。
④ 2012 年 12 月 31 日，国务院发布《关于加快发展现代农业进一步增强农村发展活力的若干意见》，提出"鼓励和支持承包土地向专业大户、家庭农场、农民合作社流转，发展多种形式的适度规模经营"。

产权的保护（邹宝玲、罗必良，2016；管珊、万江红，2017）、人情的交换（陈奕山、钟甫宁，2017；王亚楠、纪月清，2015）等，因而耕地的价值并不简单的等同于货币价格。当然，现实的流转市场中也存在耕地转出者并非以货币租金收入极大化为目标，对耕地的转入方有货币租金以外的特殊诉求，本书暂不涉及转出者对转入者的选择问题，集中讨论耕地的异质性对流转市场的影响。同时，政府干预下的非市场行为也不在本书研究的范围。

从已有研究来看，有学者从合约期限和租金形态异质性两个角度进行了解释。罗必良（2015）、邹宝玲（2017）、管珊（2017）认为流转市场中耕地供给和规模户需求的合约期限的异质性可能是耕地流转市场的"失灵"的因素，分析的逻辑是：流转期限过短或经营期限的不确定性会诱导承租者在生产上的短期行为，影响了经营主体的投资行为（Carter、姚洋，2004；郜亮亮，2011），而规模户扩大经营规模能够产生规模经济的重要途径之一是农业生产投资能够在更大经营面积上分摊（纪月清、胡杨，2017），而且还会在不同年份间分摊，因而规模户偏好于长期合约（Allen，1992；Otsuka，1992）。对于耕地转出户，在缺乏充分的非农就业机会时，耕地是家庭最重要的生产资料，在就业保障、养老保障等方面发挥着重要的作用，且还存在未来增值的预期，为保障耕地权益的稳定性（李承桧、杨朝现，2015；陈振、郭杰，2018），相当大比例的转出户倾向于暂时流转而签订短期合约。耕地流转合约期限的不匹配，限制了转入户的投资决策，影响了农户扩大经营规模的意愿（刘文勇、张悦，2013；Bryan，2015）。

然而，随着农地制度、政策支持、外包服务市场的发展，耕地流转市场中的供需双方合约期限需求的不匹配逐渐改善。从耕地转出户来看，第一，收入的多元化降低了农户对耕地收入的依赖性。随着非农就业的增加，农村家庭人均收入中农业收入的占比逐渐降低，从1996年的42.5%至2006年的31.7%至再到2016年的26.4%（中国农村统计年鉴，1997，2007，2017），农户对耕地收入的依赖性逐步减弱。第二，社会保障的完善弱化了耕地养老保障功能。在制度性养老保障不足的年代，耕地具有的养老保障功能被寄予厚望，随着"新农保""新农合"等社会保障的普及，削弱了农户对耕地养老功能的需求。第三，新一轮土地确权颁证强化了农户的耕地权益，削弱了农民对耕地未来收益不确定的预期（程令国、张晔，2016；付江涛，2016；付江涛、纪月清，2016）。随着耕地的收入和保障功能的弱化以及未来权益的确定，转出户对耕地流转期限的要求逐步放松。

从转入耕地开展规模经营的农户来看，首先，农机服务市场的完善和政府农业基础设施投资的增加，弱化了规模户自主投资的需求。农业生产投资主要包括农业机械、工具和水利等方面，当前完善的农机服务市场，一方面为未购置农业机械和工具的农户解决了生产中的机械作业需求，另一方面为已购置农业机械且有富余作业能力的农户提供了分摊面积，两种途径基本拉平了购买农业机械与农机服务的生产成本；农业生产的水利建设主要依赖政府的投资，例如，水利工程、一事一议项目等。其次，农业转型时期的政策变化加大了农业经营的市场风险，规模户长期经营的意愿降低。农业政策的变化会影响农产品市场，对农户的生产经营造成一定影响，且对规模户的影响显得尤为明显，市场不稳定在一定程度上弱化了规模户长期经营的意愿。例如，在 2016 年玉米"临储"政策取消后，玉米价格下跌，东北地区原转入耕地大面积经营的规模户纷纷缩短租期、退租，更有甚者直接跑路毁约[①]，此外，在江苏、湖北等地区耕地流转一年一签、一年一租的现象也很常见（罗丹，2013；刘欣、姚增福，2015）。最后，经营的多元化。由于自主投资需求的弱化和市场风险的增加，规模户对于耕地合约期限的要求放松，长期稳定的流转关系不再是规模经营的必要条件。规模户对转入耕地的合约期限的需求，与转出户的耕地合约期限要求的差异并不十分明显，从现有的规模户转入耕地中既有短期又有长期的现象可见一斑。

同时，王亚楠（2015）、陈奕山（2017）提出耕地流转市场的"低租金""零租金"现象的背后存在"人情"形态的隐性租金，且通常发生在亲朋好友之间的普通流转，租金形态的统计遗漏可能导致普通农户之间的耕地流转的租金率低于流向规模户的耕地租金率。其研究结果认为：价值低、面积小的地块选择"人情租金"的可能性较大，经营能力强的转入户更愿意选择货

---

① 农业部：跑路的种植大户越来越多，是因为有隐情！［EB/OL］. http://www.sohu.com/a/129028345_159202.

币租，则意味着采用"人情租金"的地块价值可能本身就较低。本书重新整理了陈奕山（2017）分析的江苏省 9 个市 18 个县 72 个村的调查数据，统计结果显示：规模经营户转入的耕地平均租金为 807 元/亩，普通农户转入的所有地块平均租金为 611 元/亩，从中剔除转向亲戚和朋友的耕地平均租金为 724 元/亩。另外，进一步整理了 2013 年中国农业科学院在吉林、河南、浙江等 8 个省份的调查数据，统计结果显示：规模经营户转入的耕地平均租金为 673 元/亩，普通农户转入的所有地块平均租金为 489 元/亩，剔除亲朋好友之间流转的农地平均租金为 592 元/亩。由此可见，租金形态的异质性不足以解释耕地流转市场"失灵"的问题，还存在其他因素的影响。

更进一步来分析，从转出方来看，耕地的效用来源于其收入功能和保障功能（霍雅勤，2004），对于不同农户的价值是存在差异的。具体而言，同一耕地，对于高收入农户的经济价值低于低收入农户，对于有社会保障的农户的保障功能低于无社会保障的农户，对于耕地未来预期收益高的农户会偏好于短期流转，对于非农就业不稳定的农户会偏好于不稳定流转，对于耕地未来产权不确定的农户会选择转给信赖的亲友，对于家中有照料需求的农户会选择转给能够提供照料服务的邻居或亲友，等等。农户的异质性使不同转出者希望的交易方式和内容存在差异，一些农户甚至愿意放弃货币租金来挑选可满足其他诉求的承租人（王亚楠等，2015；陈奕山等，2017）。当然，耕地流转的不同诉求（或称效用）之间也非不可替代，当货币租金足够高时，转出者也会放弃其他诉求，将耕地转给愿意支付高租金的承租人。

从转入方来看，耕地作为生产资料，唯一效用来源于其收入功能。经营者愿意为转入耕地支付的租金取决于它所能带来的收入增量，而收入增量的多少又取决于生产的规模经济或不经济特征，例如，在学习并使用新技术等方面的规模经济和管理困难等带来的规模不经济。转入耕地所获得的收入增量取决于两个方面：第一，农户的经营能力。生产者在生产经验、机械操作、田间管理等方面能力的差异，会影响农业生产过程中要素投入的产出。第二，耕地的自身特征。除去耕地的土壤质量因素外，耕地的面积大小、位置远近、平整度等因素会影响农业生产过程中的作业难度和时间无谓损耗，制约要素替代的可能性和程度，造成要素投入成本的增加和产出的降低。

　　转入不同面积和位置的地块带来的规模经济效益是不同的。例如，从管理角度来看，转入与原有地块位置相连的地块并不会增加多少管理负担，而增加一块不相连的小地块，却可能与增加大地块需要增加的管理负担差不多；从技术角度来看，转入相连地块或大面积地块有利于采用机械替代劳动来降低成本，而转入不相连的小地块，机械作业成本就相对较高。因而，同一耕地对于不同转入者的价值也是存在差异的，不仅体现在不同转入者生产经营能力的差异，还体现在地块空间特征对不同潜在转入者的生产的影响程度存在差异。

　　由于耕地承包户转出动机及其利益诉求的异质性，转入者往往面临空间位置分散的耕地供给。对于"为什么耕地流转倾向于分散"，本书的核心假设是：地块空间位置的分散又妨碍了转入者的规模经济效益，难以形成经营者层面的"规模化"经营，或得不到已实现"规模化"的经营者的偏好，从而造成了耕地流向的分散。本书将耕地空间位置的固定性引入地块层面规模经济的理论分析，与这一讨论相关，仅有少量文献开始关注地块层面的规模经济（吕挺等，2014；顾天竹等，2017），且这些研究也未能回到经营者层面的规模经济这一更为普遍接受的概念。此外，大量研究耕地细碎化对农业生产影响的文献主要倾向于分析固定经营面积在空间上的分散，缺乏关于转入更多地块和面积的分析。本书在充分探讨地块层面与农户层面规模经济的基础上，强调转入不同面积和位置的地块对农户规模经济的含义，试图丰富已有耕地流转理论和研究视角，同时从发展的角度考察流转市场耕地异质性的动态变化，以期有助于判断中国农业规模经营的发展趋势。

　　本书按照以下逻辑进行分析：首先，价格机制是市场配置资源的基本原则，不同面积和位置的地块价值是否存在差异？影响其价值的途径有哪些？其次，农户扩大经营规模产生规模经济的条件是什么？规模户与普通户对转入地块的面积与位置的偏好存在什么异质性？再其次，流转市场的资源配置与农业规模经营的内在联系是什么？有利于农业规模经营的耕地禀赋条件是什么？最后，耕地流转市场的发育将对资源禀赋特征和资源配置产生什么影响，而这将如何影响农业规模经营未来的发展。

1.2 研究意义

（1）本书突破传统农业规模经济研究中以农户为主体的模式，从地块层面探讨流转市场中地块空间位置的固定性对农业生产规模经济的影响，比较转入不同面积与位置的地块的规模经济差异，能够丰富农业规模经济理论和加深对其约束条件的认识。

（2）已有研究往往将耕地作为一种简单要素分析，未能详细考察耕地交易中包含的丰富内容。不仅包含耕地经营权利的经济交换，还包含社会关系的人情交换，耕地所具有的自然属性和社会属性也可能包含在交易价格之中。本书从耕地的异质性角度出发，将研究视野拓宽到耕地的空间位置属性与其价值的关系，考察地块的面积与位置对耕地利用和流向的影响，能够丰富已有的流转理论和研究视角。同时，从发展的角度考察流转市场耕地异质性的动态变化，有利于耕地流转问题研究的进一步拓展。

（3）从动态角度考察耕地流转与农业规模经营的内在联系。当前耕地零散流转、价值不高，本身就与耕地流转率较低相关，在我国耕地细碎化分布的背景下，流转率较低时实现连片集中的概率较低，地块层面的规模经济效益低导致了耕地的零散流转和价值不高。随着耕地流转率的上升，会提高流转耕地连片的概率，从而提高地块层面的规模经济效益和耕地价值，将促进耕地的集中连片经营，而且该过程将呈加速发展的趋势。本书有助于重新思考和判断我国农业规模经营的政策效果和未来的发展方向。

1.3 研究目标、假说与内容

1.3.1 研究目标

本书研究的总目标是分析耕地的空间特征对流转市场资源配置的影响。

本书依据经济学理论，分析流转市场中转入地块的面积与位置对农业生产的地块层面规模经济的影响，比较不同规模农户对转入地块空间特征偏好的异质性，确定实现规模经济并促进农业规模经营的有利条件，进而判断其未来的发展趋势。在此基础上，讨论当前农业规模经营政策的可能效果，为促进耕地流转市场和农业规模经营发展的相关政策的制定和评估提供一定参考。基于此，本书结合农业经济理论、数据的可获取性、问题的可验证性，以及笔者的实际研究积累和研究能力，将总体研究目标分解为四个主要部分。

研究目标一：在农户模型理论的基础上，通过理论假设与现实条件的对比，分析农户扩大经营规模产生规模经济的来源及约束条件，进而确定转入地块的面积与位置对农业生产的规模经济的影响。

研究目标二：通过理论分析和实证检验，确定不同规模的农户对转入地块的空间特征偏好的差异，分析流转市场中地块的空间特征对耕地流向的影响，进而阐明其资源配置的含义。

研究目标三：探讨耕地流转市场与农业规模经营的内在联系，通过构建数理模型分析耕地流转市场发育与资源丰裕程度、细碎化程度对流转市场中耕地连片概率的影响，从而判断促进农业规模经营的有利条件及未来的发展趋势。

研究目标四：通过分析和模拟农户耕地流转影响因素的变化，判断未来耕地流转数量变化的趋势，并结合数理模型推断农业规模经营的未来发展趋势。

1.3.2　研究假说

根据以上四个目标，分别提出四个研究假说，并有待进一步的实证验证。

研究假说一：耕地流转市场中，面积大的地块和与原有土地位置相连的地块具有耕地利用上的规模经济，但带来的经济效益随地块面积的扩大而不断递减。

研究假说二：规模户偏爱流转市场中面积大的地块，以及与原有土地位置相连的地块，且由于规模户的经营能力更强，耕地流转市场中的大地块和位置相连的地块更倾向于流向规模户，而零散的小地块以流向普通户为主。

研究假说三：耕地流转市场发展对农业规模经营有促进作用，且耕地资源丰裕程度会强化流转市场对农业规模经营的促进作用，而耕地细碎化程度会弱化流转市场对农业规模经营的促进作用。

研究假说四：随着农村人口的老龄化和收入结构的非农化，耕地流转市场的扩大将促进我国农业规模经营的加速发展。

1.3.3 研究内容

结合以上研究目标和研究假说，本书的主要内容将从以下四个方面展开：

研究内容一：从农户模型的理论分析出发，讨论影响转入户租金支付能力的因素，结合流转市场中耕地资源特征，分析转入地块的面积与位置对农业生产的地块层面的规模经济的影响，并利用黑龙江、河南、浙江和四川的4个省份调查的地块层面数据进行实证检验。

研究内容二：比较流转市场中不同规模农户在农业生产方面的差异，分析其对转入地块空间特征偏好的异质性，并利用黑龙江、河南、浙江和四川的4个省份调查的农户层面和地块层面的数据进行实证检验，进而阐明流转市场中耕地的空间特征对资源配置的含义。

研究内容三：分析促进农业规模经营的有利条件，通过构建数理模型推演在不同流转比例、耕地丰裕程度和细碎化程度的条件下，流转市场中地块实现连片的概率，以分析其对农业规模经营的程度的影响，并利用在黑龙江、河南、浙江和四川4个省份128个村的村级层面两期调查数据进行实证检验。

研究内容四：分析影响农户耕地流转决策的因素和变化趋势，以及耕地流转与地块连片规模经营发展的动态关系，从而判断我国农业规模经营的发展趋势。具体而言，通过构建农村人口年龄结构和收入结构对耕地流转影响的实证模型，分析人口老龄化和收入结构非农化对未来耕地流转的影响，从而预测我国农业规模经营的发展趋势。

1.4 数据来源及研究方法

1.4.1 数据来源

根据本书研究目标的设定，实证研究中待检验的假说主要包括四个部分：转入地块的空间特征与规模经济、不同规模农户转入耕地的空间特征的偏好、流转市场发展与农业规模经营、流转市场发展的影响因素。根据每个部分实证分析的要求，本书需要不同层面的数据，具体而言：地块的空间特征与流向为地块层面的数据，以分析转入地块的面积与位置对农业生产规模经济的影响，进而考察流转市场耕地的流向；转入耕地的空间特征与流转偏好为农户层面的数据，以分析和比较不同要素禀赋的农户对转入耕地的空间特征偏好的差异；耕地流转的影响因素为农户层面数据，以分析人口老龄化和收入结构非农化的趋势对于耕地流转决策的影响，进而判断流转市场的未来发展；流转市场与农业规模经营为村庄层面数据，以考察耕地流转与农业规模经营的内在联系及资源禀赋特征的影响。

本书采用的数据来源于南京农业大学"粮食规模化生产情况"课题组于2015年和2018年在黑龙江、河南、浙江和四川4个省份调查数据，调查样本涵盖了16个市（县）32个镇（乡）128个村（见表1-1），其中：2015年调查涵盖128个村的1040个农户，还收集了1711个地块①的投入产出数据；2018年追踪调查了128个村的1033个农户②，收集了1477个地块的投入产出数据。根据研究需要，从调查数据中选取的主要内容包括：第一，地

① 地块选择时从样本农户种植的地块中随机选择1个自有地块和1个转入地块，若农户无转入耕地时仅选择1个自有地块。

② 2018年的追踪调查中，由于部分农户迁移、外出等原因没有追踪到，对部分村庄进行了农户补样，最终收集到1033个农户样本。

块层面，主要了解耕地转入户转入地块的空间特征、流转合约信息、生产投入、地块产出等信息；第二，农户层面，主要了解家庭人口特征、耕地经营和流转、农业生产经营等基本信息；第三，村庄层面，主要了解村庄人口和劳动结构、经济发展、区位条件、耕地资源禀赋、耕地流转市场、种植业规模户经营情况、农业政策支持等基本信息。

表 1-1 调查农户的区域分布情况

省份	市（县）	省份	市（县）
黑龙江	齐齐哈尔龙江县	河南	商丘市夏邑县
	绥化市肇东县		漯河市西平县
	佳木斯市汤原县		许昌市许昌县
	牡丹江市宁安市		安阳市安阳县
浙江	嘉兴市秀洲区	四川	资阳市雁江区
	绍兴市嵊州市		广安市邻水县
	金华市武义县		南充市南部县
	台州市温岭市		德州市中江县

除此之外，根据研究问题分析和论证的需要，本书也直接或间接使用公开出版的全国或地方统计年鉴数据和统计资料，以及学术出版物所直接记录或转引的数据。主要包括：

（1）国家统计局《新中国五十年农业统计资料》（2005～2008年）、国土资源部《中国国土资源公报》（2009～2016年）中的全国耕地面积数据。

（2）农业农村部《全国农村经济情况统计资料》（2005～2010年）、《中国农业统计资料》（2011～2016年）中的乡村农户数量、家庭承包经营耕地面积、耕地流转数量等统计数据。

（3）国家统计局《中国统计年鉴》（历年）中的1980年以后全国、城镇和乡村人口数据。

（4）农业农村部农村经济体制与经营管理司《农村经营管理情况统计分析报告》中的部分省份耕地流转等相关数据。

1.4.2　研究方法

本书严格遵循 SPQR 的研究范式展开，从当前耕地流转市场中以流向普通户为主与经济学理论认为资源会流向效率高的生产者（规模户）的矛盾出发，提出现实问题；在农户模型理论分析的基础上，结合流转市场耕地的空间特征及约束条件，提出理论问题，并进一步提出研究假说；在受控条件下进行特定样本的信息和数据收集，构建模型检验研究假说，最终得出结论。

在研究的不同阶段采取的研究方法具有一定差异，主要采用的方法有：理论分析法、实地调研法、实证分析法。其中：研究问题的提出阶段采用理论分析法，通过分析市场经济中价格理论的假设与适用条件，提出本书研究的理论问题和研究假说；在数据收集阶段采用实地调研法，根据研究假说确定调查的主要内容，科学的选择调查区域、范围、对象和方式，以收集真实、可靠的数据为实证分析打好基础；在假说检验阶段采用实证分析法，在检验地块面积和地理位置对地块层面规模经济的影响、农业规模经营的有利条件和农户土地转出决策的影响因素时，分别采用固定效应模型、双变量 Probit 模型、工具变量模型等进行分析。

1.4.3　技术路线

基于以上研究目标与内容，以及相关的研究方法，本书研究技术路线，如图 1-1 所示。

```
┌─────────────┐
│   研究问题   │
└─────────────┘
       │
┌─────────────┐
│   文献回顾   │
└─────────────┘
       │
  ┌────┴────────────────┬────────────────┐
┌─────────┐      ┌─────────────┐    ┌─────────┐
│ 耕地流转 │      │ 农业规模经营 │    │ 规模经济 │
└─────────┘      └─────────────┘    └─────────┘
       │                │                │
       └────────────────┼────────────────┘
              ┌──────────────────┐
              │ 理论基础与分析框架 │
              └──────────────────┘
                       │
┌────────────────────────────────────────────────────┐
│  ┌──────────┐    ┌──────────┐    ┌──────────────┐  │
│  │ 地块空间特征│ ─► │  耕地流向 │ ─► │ 农业规模经营 │  │
│  └──────────┘    └──────────┘    └──────────────┘  │
│    地块层面         农户层面          村庄层面         │
│  ┌──────────┐   ┌──────────────┐  ┌──────────────┐ │
│  │转入地块的空间│   │不同规模农户对 │  │耕地流转市场发 │ │
│  │特征对规模经济│   │转入地块空间特 │  │育、资源禀赋与 │ │
│  │  的影响    │   │  征偏好的差异 │  │ 农业规模经营  │ │
│  └──────────┘   └──────────────┘  └──────────────┘ │
└────────────────────────────────────────────────────┘
                       │
         ┌──────────────────────────┐
         │ 农地规模经营未来的发展趋势 │
         └──────────────────────────┘
                       │
         ┌──────────────────────────┐
         │    主要结论与政策建议      │
         └──────────────────────────┘
```

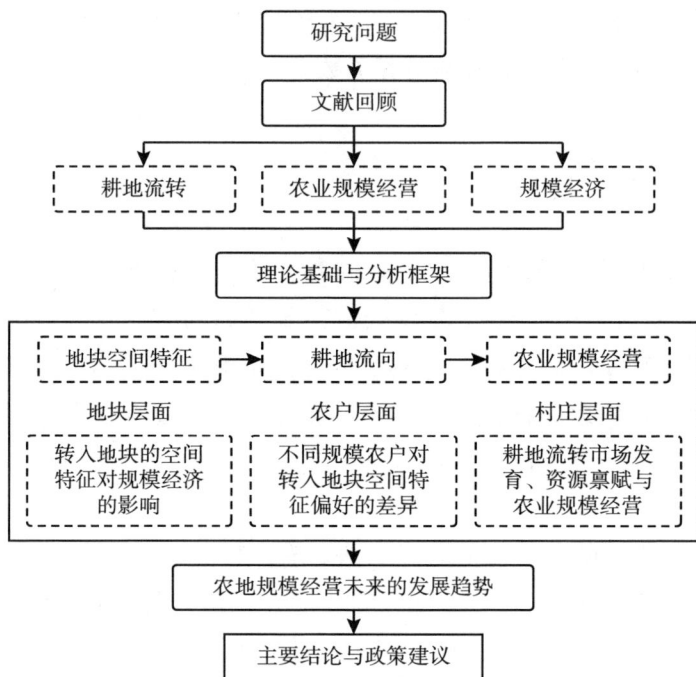

图 1 - 1 研究技术路线

1.5 研究结构安排

根据以上研究内容的设计，本书主要可以分为四大部分。第一部分主要是从当前耕地流转市场资源配置的现状与理论不符的现实问题出发，引入值得探究的耕地资源空间特征如何影响市场资源配置的理论问题，并设计本书研究的主要内容，对应于本书的第 1 章。第二部分在分析耕地流转、农业规模经营与规模经济的研究文献的基础上提出研究思路，构建分析框架和介绍研究背景，从农户理论模型出发，分析转入地块的面积与位置对农业生产地块层面的规模经济的影响，比较不同规模农户对转入地块空间特征需求的异质性，解释耕地的空间特征对流转市场资源配置的影响，并进一步探究耕地流转市场与农业规模经营的内在联系，对应于本书的第 2 ~ 4 章。第三部分主要为理论分析的实证检验,利用地块、农户和村庄三个层面的实际调查数据,分别检验转入地块的空间特征与地块层面生产的规模经济、地块的空间特征与流转市场的资源配置、流转市场发育与农业规模经营程度及未来发展趋势,对应于本书的第 5~8 章。第四部分总结研究结论和可能具有的政策含义,以及研究展望,对应于本书的第 9 章。

具体研究结构和主要内容安排如下:

第 1 章,引言。本章描述耕地流转市场的现状与主要特征,结合已有研究的分析提出本书研究的现实问题,在梳理已有研究的基础上提出本书研究的科学问题,并依次介绍研究意义、研究目标、研究内容、研究方法及研究创新与不足。

第 2 章,文献综述与概念界定。本章从耕地流转与流向、耕地流转与农业规模经营、规模经营与规模经济三个维度梳理已有相关研究的主要方向、方法、结论和不足,提出可能的研究思路和方向,并对相关重要概念进行界定。

第 3 章,理论基础与分析框架。本章以农户模型为基础,分析农户转入耕地扩大经营规模时,影响租金支付能力的因素,从地块层面探讨转入地块的面积与位置对农业生产规模经济的影响,并比较不同规模农户对转入地块的空间特征偏好的异质性,从而解释耕地资源的空间特征对流转市场资源配置的影响。在此基础上,进一步探讨耕地流转市场与农业规模经营的内在联系,并判断流转市场的变化对我国农业规模经营发展趋势的影响。

第 4 章,中国耕地流转市场与农业规模经营发展现状。本章主要介绍我国的耕地资源禀赋特征、耕地流转市场发展现状、农业规模经营现状,为后文的理论和实证分析,以及对未来趋势的判断提供相关的背景知识。

第 5 章,转入地块的空间特征对地块层面规模经济的影响。本章主要从地块层面分析转入地块的面积与位置对农业生产规模经济的影响,选取黑龙江、河南、浙江和四川 4 个省份调查的农户和地块层面的抽样调查数据,利用投入产出模型和生产成本模型的实证分析,分别考察转入地块的面积与位置对地块层面的投入产出和单位产品成本的影响。

第 6 章,不同规模农户对转入耕地空间特征的偏好异质性。本章主要从不同规模农户生产的异质性出发,比较和分析不同规模户对转入耕地的空间特征偏好的异质性，并利用黑龙江、河南、浙江和四川 4 个省份调查的农户层面和地块层面的数据进行实证检验，从而阐明流转市场中耕地的空间特征对耕地流向的影响及其资源配置含义，为后文考察流转市场发展和农业规模经营的内在联系做铺垫。

第 7 章，耕地流转、资源禀赋与我国农业规模经营发展。本章分析了耕地流转市场与农业规模经营的内在联系，着重考察耕地丰裕程度和细碎化程度对流转市场耕地连片可能性的影响，从而推断流转市场发育与资源禀赋对农业规模经营的影响，并运用耕地资源禀赋差异明显的 4 个省份 128 个村的两期数据进行实证检验。

第 8 章，人口老龄化、收入结构与农业规模经营发展趋势。本章分析在农村人口老龄化和农业收入结构非农化的趋势下，耕地流转市场的动态变化对我国农业规模经营发展的影响，以此推断我国农业规模经营未来的发展趋势。

第 9 章，研究结论与政策启示。总结本书研究的主要结论及政策启示，并提出值得进一步扩展的研究方向。

1.6 创新与不足

1.6.1 研究创新

（1）在研究视角上，许多文献讨论了耕地流转市场的影响因素，但尚未有文献从耕地自然属性的视角集中讨论其对流转市场资源配置的影响。本书从耕地空间位置的固定性角度，分析地块的面积与位置对农业规模经济的影响，进而探讨地块的面积与位置对耕地流向的影响及资源配置含义。

（2）在研究内容上，一方面尚未有研究探讨耕地流转市场与农业规模经营发展的内在联系，本书从耕地的空间特征对流转市场资源配置的影响的角度切入，分析流转市场发育与农业规模经营发展的动态关系；另一方面本书突破传统农业规模经济研究中以农户为主体的模式，从地块层面探讨耕地的面积与位置对农业生产的规模经济的影响。

（3）本书在人口老龄化、收入多元化的背景下，考察耕地流转市场与农业规模经营发展的动态关系，为研究和理解人口变化与农业发展之间的内在联系提供了一个新的视角。

1.6.2　研究不足

（1）本书分析耕地流向的影响因素时，仅关注流转双方的经济交换，而忽略了非经济因素的影响。不可否认，在中国农村"熟人社会"的差序格局中，隐蔽和长期的人情交换可能包含在耕地交易中，影响流转市场中的耕地流向，可能造成分析结果存在偏差。值得注意的是，已有关于耕地流转中"人情租金"的研究显示，流转市场中面积小、价值低的耕地更可能选择"人情租金"，而经营能力强的农户更可能选择货币租金，这表明经营能力强的规模户转入耕地中包含"人情租金"的可能性较低，而普通户转入的耕地尽管可能包含"人情租金"，但其本质是这类耕地的价值较低。从这个角度来看，与本书的观点是一致的，因而流转中可能存在的人情交换对本书分析结果的影响是有限的。

（2）本书的分析忽略了耕地进入流转市场时间的差异。流转市场中的耕地不仅在空间上随机分布，在时间上也具有一定随机分布的特征。由于地块进入流转市场的时间存在先后顺序，理论上能够连片的耕地可能由于转出时间的不一致，流向不同的对象而并未实现连片流转，造成分析结果存在一定偏差。但是，如果将该问题置于一个较长的时间期限来看，其对分析结果的影响并不明显，因为相邻的地块价值更高，在耕地租约重新调整的过程中依然会实现连片。

（3）分析耕地的自然特征时，仅考虑地块的面积与位置，忽略了地块的距离等相关因素，而实际上流转市场中耕地的分布和特征远比本书分析设定要复杂。从地块空间特征对生产成本的影响来看，地块距离是影响跨地块成本的重要因素，同时地块形状、地块进出口的位置、田间道路条件、种植作物种类等因素都会影响跨地块移动距离和难度，现实条件的千差万别导致跨地块的成本很难准确计算。本书进行的简化设定，只控制部分因素的影响。

（4）地块规模经济"面积门槛"的设定。从理论分析来看，地块层面的规模经济是存在的，但其特征与本书中设定"面积门槛"存在不同。随着地块面积的扩大，其对生产成本的影响是连续变化的，并非如本书中设定的"跳跃式"变化；而且，由于不同地区自然环境和生产技术的差异，"面积门槛"可能是动态变化的，意味着具有不同资源禀赋地区的"面积门槛"不同，同一地区采用不同生产技术的规模"面积门槛"不同。本书如此设定地块规模经济的"面积门槛"，仅是为了便于分析中的表述和理解。

第 2 章

文献综述与概念界定

2.1 文献综述

　　本书关注的是耕地流转中资源的流向问题。具体而言，分析现实中耕地更多流向小农户，与经济理论中资源会流向经济效率高的生产者（规模户）的矛盾。在我国，"小农经济"的历史悠长，被许多研究者证实是极具生命力的，小农生产的自给自足能够承载更多的人口。然而，与工业经济相比，传统的以家庭为单位在"一亩三分地"上的生产，严重制约了农村劳动力的劳动效率和收入的提高，增加农户经营面积无疑是提高劳动效率和收入的必然途径（Deininger，2005；Chen，2007）。在耕地总量有限的条件下，只有减少农业劳动力数量，才能实现耕地资源的重新配置（钟甫宁，2007；黄枫、孙世龙，2015；田传浩，2005），而耕地是农民的重要生产资料，重新配置必然需要有部分农户退出耕地经营，部分农户转入耕地，影响农户耕地转入和转出的因素是什么？当前，农业政策的导向是耕地规模经营，我们需要关注下面几个问题：第一，耕地流转与农业规模经营的内在联系是什么？或者说需要多少农户转出耕地能够实现多大比例的规模经营？第二，农业生产中规模经济的来源是什么？第三，在现有资源和技术约束条件下，实现农业规模经营的有利条件是什么？

带着以上疑问，将从以下三个方面进行文献综述：第一，我国耕地流转的现状和影响耕地流向的因素；第二，农业中耕地集中规模经营的发展趋势，以及与耕地流转的关系；第三，农业规模经营中规模经济的内涵与来源，以及测度标准。在此基础上结合当前我国农业生产的现实条件，分析规模经营能够产生规模经济的前提，提出本书的研究方向。

2.1.1　耕地流转与流向的研究综述

"土者，吐也"，东汉时期许慎在《说文解字》中对土地如此解释，又如《管子》"地者，万物之本原，诸生之根菀也"所言，土地是万物之本，不仅为万物的存在提供必要的环境，也为其发展提供必要的基础和资源。威廉·配第（1962）提出"劳动是财富之父，土地是财富之母"，认为土地是财富之源，土地之于人类的重要意义毋庸多疑。随着生产技术的进步，生产满足人类食物需求所需要的劳动力数量减少，部分人口脱离了农业生产，土地对于分工不同的劳动者的意义出现差异。对于仍"依附"土地生存的农民，土地具有多元化的功能，表现为最基本生活资料的来源、收入保障、就业保障、社会保障。土地作为生产资料为众多的农民提供就业机会，保障了农民最基本的生活需求（温铁军，2004；姚洋，2000）和最低的收入水平（Zhao，1998；姚洋，2004），即使农民转向非农就业，土地也能在其失业后作为其最后的就业保障（丁任重，2008），特别是在社会保障制度十分有限的条件下，土地在农民的养老、医疗、济贫等社会保障等方面发挥着重要作用（姚洋，1999；郑功成，2002；霍雅勤，2004）。

随着经济发展和城镇化的加速，工业与农业生产技术发展不平衡，逐渐表现为工业劳动工资率高于农业，促进了农业劳动力的兼业化和转移，带来的影响主要包括两个方面：第一，耕地的收入功能逐渐弱化。非农就业的增加促进农民收入的增长，农业收入在家庭收入结构中的占比越来越低，农户对于耕地收入的依赖性逐步降低。根据《中国农村统计年鉴》数据显示农业收入比重从 1996 年的 42.5% 降至 2006 年的 31.7% 再降到 2016 年的 26.4%，耕地对于家庭的重要性逐渐降低，甚至在江苏部分地区将家庭的农业生产戏称为"养宠物"。第二，耕地的社会保障功能逐渐弱化。随着收入的增长和社会保障制度的不断完善，耕地在就业、养老和医疗等方面发挥的作用越来越有限，据统计 2016 年末城乡居民基本养老保险参保人数 50847 万人，耕地在就业、养老、医疗等方面的功能逐渐被制度性保障替代，耕地的保障性功能显得十分有限。在此背景下，全国耕地流转比例呈加速递增的趋势发展，据《中国农业统计资料》数据显示，2007 年、2011 年、2015 年三个阶段全国耕地流转比例分别为 5%、17%、33%。在此过程中研究者们对耕地流转展开了大量研究，产生了丰硕的成果。

已有研究表明：我国耕地流转的进程整体滞后于劳动力的转移进程，相比于农业劳动力的转移比例，耕地流转的比例要低得多且发展极其缓慢（马晓河，2002；陈曜、罗进华，2004；刘芬华，2011；马瑞，2011；胡霞、丁浩，2015；唐轲，2017）。从劳动力转移的比例来看，2015 年外出农民工数量达到 2.77 亿，占农村劳动力人数比例达到 43%，由于劳动力转移过程中，优先转移的是人力资本，即劳动能力较强的青壮年，若考虑劳动力的异质性，转移的农业劳动能力高于人口的比例；从耕地流转数量看，2015 年全国耕地流转总面积达到 33.3%，整体滞后于劳动力的转移进程。学者们从不同角度给出解释：第一，农户劳动力原本就存在剩余，剩余劳动力的转移并不会影响家庭劳动力的生产（倪国华、蔡昉，2003）；第二，农业机械技术和生产环节外包的发展，一方面降低了农业劳动强度，另一方面提高了农业劳动生产效率，总体上减少了农业生产对劳动力数量的需求（钟甫宁、纪月清，2009；纪月清，2010；曹阳、胡继亮，2010；陈超等，2012；Ji et al.，2017；杨进，2018）；第三，家庭内部劳动力的分工促进了农户的兼业化，家庭优质劳动力外出务工，妇女、老人务农（钱忠好，2008）；第四，农户家庭收入仍处于较低水平，农业收入在家庭收入中占比虽然有所降低，但仍是主要的收入来源之一（冷智花、付畅俭，2015；史常亮、栾江，2017）。

除此之外，也有大量学者从耕地转出户与转入户角度，分别研究影响耕地流转的因素和对耕地流转市场的影响。

从转出户来看，耕地的效用来源于其收入功能和保障功能，影响其转出决策的因素主要包括家庭特征、资源禀赋、收入结构、非农就业机会、社会保障完善程度等方面（贺振华，2003；钟涨宝，2003；唐文金，2008；刘芬华，2011；徐美银，2013；郜亮亮，2014；陈飞等，2015；付振奇，2017）。具体而言家庭特征中劳动力数量（詹和平、张林秀，2009；侯石安，2012）、年龄（黎霆等，2009；侯石安，2012；马贤磊等，2015；王亚楠，2015）、受教育程度（李庆海，2012；黎霆等，2009；卞琦娟等，2010）、健康状况（廖洪乐，2012）等对耕地转出存在显著的影响。农户转出的耕地流向是否存在选择？从已有统计来看：耕地的流向有农户、合作社、企业和其他四大类，虽然地区间呈现较大差异（韩菡、钟甫宁，2011；韩菡，2011；周靖祥，2011；韩菡，2014），但以流向农户为主（包宗顺，2009；何欣，2016；唐轲，2017）。而现实的耕地流转中普遍存在"低租金"、甚至"零租金"的现象（王亚楠，2015；陈奕山，2017），且流转多发生在亲朋好友之间，有研究用"乡土社会"或"熟人社会"进行解释，认为土地转出对象的选择是存在差序格局，依次为近亲、远亲、邻居、朋友、陌生人。陈奕山（2017）指出亲友之间耕地流转的"低租金"和"零租金"，实则是存在隐性的"人情租"。理性的农户一旦做出转出决策，耕地转给谁、不转给谁主要取决于租金，包括"货币租""实物租""人情租"，而耕地流转市场货币、实物和人情的替代关系及相对价格会影响耕地的流向。如果当流转市场中的货币价格较低，家庭有"人情需求"时农户会选择将耕地转给容易提供"人情租金"的亲友；如果流转市场中的货币价格较高，超过家庭需要的人情的价值，即使有亲友愿意提供"人情租金"，农户也会倾向于将耕地转给能够提供较高货币租金的农户，"乡土社会"中耕地"低租金"或"零租金"的主要原因在于耕地的价值不高。那么，在耕地流转市场中，转出户是价格接受者，潜在的转入户能够支付的租金高低决定了耕地资源的流向。

从转入户来看，耕地作为生产资料，其唯一效用来源于收入功能，转入决策的关键在于耕地是否有利于生产，是否能够为其带来经济效益，而并不关注耕地的来源。结合农业生产来看，耕地的经济效益主要由两方面因素决定：第一，农户的经营能力，生产者在生产经验、机械操作、田间管理等方面能力的差异，能够影响农业生产过程中投入产出的效率；第二，耕地的自身特征，除去耕地的土壤质量因素外，耕地的面积大小、位置远近、平整度等因素会影响农业生产过程中的作业难度和时间损耗，造成要素投入成本的增加和效率的降低，从而影响经济效益（Petersen，2002；Pacini，2003）。因此，相同的地块由不同生产者经营时，产生的经济效益会存在差异，由"租金是超额利润的转化形式"可知——经济效益高的经营者能为耕地提供更高的租金，故生产者的经营能力是决定耕地流向的重要因素，这也是鼓励耕地向"种田能手"流转的初衷。

同时，耕地的空间特征是影响农业生产的重要因素。由于现有耕地流转多为零散流转，当农户经营的面积较小时，转入零散的地块对农户生产的不利影响并不突出；而随着经营规模的扩大，零散分布的地块存在较高的跨地块的时间和运输成本，限制农业生产技术和机械的替代的可能性和效率，会影响耕地农户转入经营产生的超额利润，并进一步影响转入户的租金支付能力。因而，转入户对转入耕地的空间特征是有选择性，尤其是经营面积大的农户。

以上的分析表明，流转市场中耕地的流向不仅由潜在转入户的经营能力决定，还会受到耕地空间特征的影响。

2.1.2 耕地流转与农业规模经营关系的研究综述

随着农业劳动生产率和机械技术的提高，耕地的集中规模经营已经成为一种发展趋势，受到农业政策和学术研究的广泛关注。英国经济学家阿瑟·杨格（Young，1770）在《农业经济论》中首先提出农业的规模经营，认为在一定的技术和社会条件下，通过调整土地、劳动等生产要素的配比可以提高农业生产的经营效益。但查亚诺夫（Chaianov，1986）强调尽管农场经营面积的扩大有利于劳动和资本的充分利用，能够提高农业生产的效益，但只是在一定范围内的。由于要素投入边际产出呈现递减的趋势，当扩大经营规模带来的收益低于其平均成本时，会带来农业生产的规模不经济。李忠国（2005）提出农业经营规模应该与生产力水平相适应，促进耕地、劳动两种要素的合理组合和充分利用，才能获得最佳经济效益。综合来看，农业规模经营的核心在于调整各类生产要素的组合比例和方式，以实现经济效益的最大化，而耕地作为最基本的生产要素之一，由于其具有不可再生性且供给缺乏弹性，因而农业规模经营很大程度上是指耕地的规模。

尽管在世界范围内规模经营已成为一种发展趋势（韩朝华，2017），但规模经营是否是我国农业发展的必然方向，已有研究尚存争议。从我国人地比例关系来看，尽管农业规模经营能够提高生产效率，但从社会就业和稳定出发，"小农生产"在容纳农业劳动力、保障最低收入和农产品供给等方面发挥了巨大作用，维护了国家的安全与社会的稳定（宋亚平，2013），同时对不同水平的生产力具有更强的包容性，因而"小农生产"的方式在我国特殊国情下具有合理性（黄宗智，2007；齐城，2008）。有学者指出，在我国紧张的人地比率关系背景下，发展农业的规模经营是不可能实现的。按照现有家庭规模经营面积为50亩计算，需要现有95%的农户转出土地，意味着约有2.3亿农户（包含4.62亿劳动力）退出农业生产，如此庞大的群体的就业问题如何解决？毫无疑问，将会带来失业、贫困等一系列的社会问题（杨国玉，2005；黄丽萍，2009；夏益国、孙群，2015）。

但是，也有学者认为，即便是人地矛盾十分突出，也可以通过扩大耕地经营规模，至少达到"最小必要规模"，才能够有效吸纳现代生产要素，实现农业劳动与非农劳动的收入均衡（郑江淮，2007；郎秀云，2013），否则会造成农业劳动和非农劳动收入差距的扩大（钱忠好，2013；张建，2016），导致城乡的两极分化。从生产力角度来看，以农户为单位的经营面积的扩大，能够提高劳动力、技术和要素组合的经济效率，是农业现代化发展的必经之路。同时，从世界范围来看，无论是发达国家还是发展中国家，农户经营规模是不断扩大的（胡瑞卿，2007；冯献，2012；郎秀云，2013）。例如，美国1982年、2001年、2011年农场平均耕地面积分别为221英亩、235英亩、

243 英亩[①]；日本 1960 年、1995 年、2015 年农户平均耕地面积分别为 0.88 公顷、1.50 公顷、2.2 公顷。[②] 表明随着经济和技术的发展，耕地的集中规模经营已然成为未来农业的发展趋势（Burger，2001；Deininger，2011；韩朝华，2017；叶兴庆，2018）。

在我国，一方面现有耕地资源十分有限，可供继续开发（开山、填湖、填海等开荒）利用的资源不足，带来长期内耕地面积总量很难扩大；另一方面，耕地集体所有和集体成员公平分配的产权制度下，耕地被细分，导致每个农户拥有的耕地面积非常有限。在此背景下，耕地规模经营的唯一途径是经营权的重新配置，即部分农户减少或完全放弃耕地经营，因此耕地流转是实现规模经营的必经之路（姜松，2012；楼栋，2013；张照新，2013）。

从已有研究来看，耕地流转的方式有互换、入股和租赁（王兴稳，2008），实则是耕地经营权的转移（陈锡文，2018），在流转过程中由于经营主体对耕地规模的需求（汤建尧，2014）和主体之间利益联结方式（李相宏，2003）的差异，以及制度、环境等条件的约束（Thiele，1999；Banerjee，2002；Teklu，2004；Ndl-Zika，2008），导致耕地流转效率不高，通过大规模的耕地流转来实现耕地的集中规模经营是不现实的（贺振华，2003；许月明，2006；毛飞，2012；张先兵，2012；孙新华，2017），或者说需要一个长期的过程（沈贵银，2009；刘同山，2017）。

那么，通过耕地流转能否实现耕地的集中规模经营呢？由于各地区经济发展水平和农户的异质性，耕地对于不同农户的价值存在明显差异（孙新华，2013），因而决定了农户耕地流转决策的差异。无论是从政策目标，还是学术研究，我们不可能依据农业规模经营的政策目标而要求多大比例的农户退出耕地经营，而是基于当前耕地流转的情况，尽可能地消除耕地流转的阻碍和创造耕地集中经营的有利条件（鄢军，2004）。假设以 50 亩作为规模经营门槛，以规模户经营耕地面积占总面积的比例作为规模经营程度，按照当前全国耕地流转的比例约为 30%，不妨设想如果流转的耕地在剩余农业生产

---

① 美国农业部农业资源管理调查（USDA Agriculture Resource Management Survey，ARMS）数据。

② 叶兴庆，翁凝. 拖延了半个世纪的农地集中——日本小农生产向规模经营转变的艰难历程及启示 [J]. 中国农村经济，2018（1）：124–137.

经营户间均分，形成的规模经营农户的数量非常少，耕地规模经营程度很低；如果转出的耕地流向少数的农户，形成规模户的比例将显著提高，那么耕地的规模经营程度高于30%。从这个角度看，耕地流转是实现农业规模经营的必要条件，流转市场中耕地的流向决定了农业规模经营发展的程度，要分析耕地流转与规模经营的内在关系，还需要对农户规模经营和农业规模经营程度两个方面的指标进行统一的界定。

农户规模经营的标准是什么？从经济理论分析来看，并不是经营耕地面积越大越好，学者们提出了适度规模经营，即在一定评价标准下达到最优化的经营面积，并进行了大量的实证研究（Patnaik，1972；Dyer，1991；吴桢培，2011；卫荣，2016；郎宛琪，2016；赵鲲，2016）。评价标准归纳起来主要有收入水平、生产力水平、经济效益、资源禀赋、劳动力转移比等（张海亮，1998；张侠，2002），已有研究根据不同评价标准测度的最优经营规模存在较大差异。例如，以收入水平为标准，汪亚雄（1997）测度的最低经营面积为10亩，李文明（2015）测度水稻种植户的最优面积为80亩；以生产效率为标准，钱贵霞（2006）测度的粮食主产区农户的最优面积为71亩，且省份之间存在较大差异，吉林省、黑龙江省、河北省的分布为123.8亩、122.6亩和41.2亩，而齐城（2008）以河南省数据测度的该地区最优规模为20亩；以生产的利润最大化为标准，杨钢桥（2011）测度的湖北省农户最优经营规模为36亩，吕晨光（2013）测度的山西省农户的最优规模为20亩。

不难发现，在众多关于农户最优经营规模的讨论和实证分析中，不仅是不同测度标准下农户的最优规模存在差异，即使是采用相同的测度标准，不同地区的最优规模也存在较大差异。综合来看，农户的最适规模会受到诸多条件的影响，如果以收入水平作为标准，不同区域经济发展水平的差异，会带来经济发达地区的最适规模高于欠发达地区；如果以生产力水平为标准，不同区域耕地自然条件的差异会影响机械生产效率，带来平原地区的最适规模高于丘陵地区，即使同一地区，家庭劳动力数量不同也会带来农户最适规模的差异；如果以经济效益作为标准，与要素市场和产品市场的距离，会影响生产要素和产品在中间环节的成本，带来城市郊区的最适规模高于偏远山区，同时不同作物生产的要素投入和产出存在较大差异，且产品市场风险程度不同，带来粮食作物的最适规模高于经济作物。由此可知，自然条件、经济水平、生产技术、农户家庭、作物种类等一系列因素都会影响农户最适规模，且随着经济和技术的发展，以及种植结构的调整，理论上农户最适规模是不断变化的（Alvarez，2004；Abler，2006），因此规模经营的标准是动态变化的。

当前，关于农业规模经营的政策和学术研究，重点关注农业规模经营的重要性和实现策略，但尚缺少有效的农业规模经营程度的测度指标和方法。总的来说，耕地的集中经营是一个长期的过程，甚至说是不可能实现所有耕地都能集中在规模户手中，即使是在单位主体经营面积达到 243 英亩的美国，依然存在面积很小的农户，因而农业规模经营程度更多的是反映农业生产集中程度，尽管在已有报告或文献中"规模经营主体数量"被用于描述农业规模经营的发展（刘守英，2015；仇焕广、刘乐，2017），但由于规模经营主体内部结构可能存在变化，该指标并不适用于不同地区和不同时期的比较，因而选择一个合适的测度指标对于农业规模经营的分析显得尤为重要。

本书将进一步探讨耕地流转与农业规模经营的内在关系，分析流转市场中耕地资源的空间特征等约束条件对耕地流向的影响，这关乎我国农业规模经营的发展及趋势，也是本书可能具有的现实意义和政策含义。同时，简评当前农业适度规模经营补贴政策，能为我国农业规模经营发展的政策制定和改革提供参考性建议。

2.1.3　规模经营与规模经济关系的研究综述

从经济学原理出发，农户扩大耕地规模的需求，来源于现有资源约束下扩大耕地规模的成本收益的比较，基本原因在于潜在的规模经济（王兴稳、钟甫宁，2008）。根据《新帕尔格雷夫经济学大辞典》（约翰·伊特韦尔等，1992）关于规模经济的定义可知，规模经济描述的是经营规模扩大带来产品单位成本降低的现象，即单位产品成本对产量的导数小于零的阶段存在规模经济。根据平均成本的分析，当产量增加时单位产品成本降低有三条途径可以实现：第一，产量增加的比例高于要素投入数量增加的比例，即存在规模报酬，生产中成本的增加与要素投入呈正比，当产量增加的比例高于要素增加的比例时，会带来产品平均成本的降低。第二，在规模报酬不变时，固定投入不变或增加的比例小于产量增加的比例，则总成本增加的比例小于产量增加的比例，也会带来平均成本的降低。第三，在规模报酬不变时，要素价格随投入数量的增加而降低，其中要素价格包含市场购买价格和交易成本，一方面要素市场的价格歧视，可能带来要素购买价格随购买数量的增加而降低，另一方面要素购买过程中，交易费用增加的比例低于数量增加的比例，从而降低要素成本，则生产中要素成本增加的比例低于产量增加的比例。

　　与工业生产中规模经济分析方式相比，农业生产中规模经济存在一定差异，最突出的是关于规模的定义指标存在差异。在工业生产中，通常采用产量作为定义规模的指标；在农业生产中，农业经营规模的衡量通常会采用投入或产出的数量（顾江，2001），例如，以土地、劳动力、机械等要素投入数量衡量投入规模，以产品、产值或收入的数量衡量产出规模，现有研究中最常用的是以耕地面积衡量经营规模。由于产出规模是耕地面积与单产的乘积，因此许多研究者将规模扩大与单位面积产出的关系作为衡量是否存在规模经济的标准，且一直以来是农业经济领域研究的热点问题。

　　长期以来，针对这一问题研究的结论和解释并未达成一致结论。一种观点认为，在我国严峻的人地比例关系条件下，扩大农户的经营规模能够产生规模经济。罗丹（2013）、朱颖（2012）等基于全国调查数据的实证分析结果表明，由于户均经营规模小引致的分散化经营是导致我国粮食生产不稳定的重要因素，粮食种植户经营面积的扩大会带来单位面积产量的显著提高（Nguyen，1996），若削弱我国耕地的细碎化程度将促进我国粮食年产量增加7140万吨（Wan，2001）。与此同时，有研究者从生产成本角度指出，农户经营规模过小，除了不利于农业劳动力的充分利用和生产效率的提高，限制农户收入的增长，还会制约农业生产要素投入结构的调整和替代，导致农业生产成本的上升（黄祖辉，1998；张红宇，2005；黄季焜，2000；Tan，2008；赵晓锋，2012；韩啸，2015）。农户经营面积的扩大，无论是对要素市场，还是对农产品市场均存在积极的影响，在降低长期生产成本和提升农产品竞争力上更具有优势（Johnston，1961；Todaro，1989；刘强，2017）。

然而，另一种观点认为农业生产中并不存在规模经济。20 世纪 70 年代，世界银行针对一系列发展中国家的农场调查中发现，单位面积耕地的收益随着农场规模的扩大而降低（Sen，1981；Barbier，1984；Lamb，2003；Larson，2012），主要原因在于发展中国家农户受资金、技术、生产方式等条件限制更大（Benjamin，1995；Devendra，2002；Helfand，2004；Barrett，2010）。国内学者通过我国的农业生产数据的分析发现这种现象在我国也存在，认为在现行耕地制度下粮食生产不存在规模经济（万广华，1996）。在考虑了耕地细碎化的影响后，我国粮食生产呈规模报酬不变，增加农户经营规模并不会带来粮食产量的增加（许庆，2011），而且还有可能出现随着经营规模的扩大，单位面积收益下降的现象（卫新，2003）。另外，有学者通过实证分析证明规模经营也并不一定带来经济效益的提高，研究显示耕地经营规模与单位面积净收益、耕地生产率呈反向的关系（Carter，1984；Fleisher，1992；Fan，1997；Heltberg，1998）或没有显著影响（Wu，2002）。主要的原因在于两个方面：第一，提高耕地生产效率需要减少劳动投入，但中国农村大量的剩余劳动力和小规模生产严重依赖于劳动力，耕地生产效率的提高并不一定会促进总产出的增长；第二，小农生产的分散化导致生产方式的多样化，不利于农业生产技术的进步和扩散的同时，也很难形成统一的要素市场，不利于生产成本的降低和要素的节约（Heston，1983；叶敬忠，2018）。

同时，也有学者指出经营规模的扩大对生产规模经营影响的不确定性的原因主要是要素的非同质问题。在工业生产中，规模扩大过程中增加的要素是同质的，不变的技术条件下生产的产品数量是一定的；而在农业生产中，规模的扩大需要增加耕地面积，通常需要转入多块土地，会面临耕地的异质性问题。由于每块土地都是"独家垄断"的，不仅面积的大小不同，在区位、地质、地貌、水文、气候、土壤种类及肥力等方面都会存在明显的差别（钟甫宁，2011），一方面会影响生产技术的选择和作业难度，另一方面会影响可变要素投入的数量和效率，从而导致生产成本的差异。因此，经营规模的扩大不仅可能存在农户层面的规模经济，而且存在地块层面的规模经济。

农户层面的规模经济来源于要素的不可分性、固定投资的分摊、价格歧视等方面，而地块层面的规模经济是农户层面的规模经济的基础（郭阳、钟甫宁，2019）。由于农业生产中作物的生长和人的活动往往是在由田埂划定的空间范围内进行的，劳动者"日出而作、日落而息"，往返于居所与地块之间"照料"作物和运送生产要素，这种生产与生活方式决定了地块的空间特征会影响地块上的生产活动。例如：需要用一部分耕地显示耕地产权边界的人工标识（如田埂），地块的位置会影响农业劳动者在转换劳动地点和运送生产资料与产品方面的时间消耗和交通成本，地块的面积会限制机械作业活动的空间从而影响机械技术对劳动的替代（Bentley，1987；Burton and Russell，1982）以及影响相关基础设施的建设（Benjamin，2002；Self，2007；Shuhao，2008）和成本的分摊等。吕挺等（2014）在分析地块面积对生产投入与产出的影响时发现，同一农户种植的大地块与小地块的单产并无明显差异，但大地块上产品的平均生产成本比小地块低。顾天竹和纪月清（2017）分析地块面积对单位产品生产成本、农机使用、劳动投入、土地投资、粮食单产的影响，发现地块规模经济有利于提高资本和劳动的生产率，同时纪月清（2017）在检验地块面积和租金的关系时发现大地块具有更高的租金率，从侧面反映了地块层面规模经济的存在。

然而，地块的面积大小并非一成不变的。从历史发展来看，土地细碎化并非生来如此，在继承制度、土地分配制度、资源条件、种植需求等多种因素的影响下（李功奎，2006；李功奎、钟甫宁，2006；许庆、田士超，2008；叶春辉、许庆，2008），一个农户往往经营多个地块。理论上来说，通过地块的置换、地块的并入能够缓解土地的细碎化，但王兴稳（2008）在分析土地流转市场的置换行为时发现，由于地块属性、耕地影子价格、置换链条长度等因素的差异，农户间地块的置换几乎是不可能实现的。地块合并的前提是耕地流转，即转入与之前经营的地块相邻的地块，地块的并入能够实现地块规模的扩大，虽可能存在田埂的分割，但对耕作的影响不大。考虑到流转市场中转出地块位置分布的随机性，不同面积和位置的地块对转入户生产的影响是有差异的，因而不同面积和位置的地块对不同潜在转入户的价值存在差异，从而进一步影响耕地的流向。

现有文献研究农业规模经营时，往往仅关注农户经营总面积的扩大，而忽略了规模经营需要什么样的耕地，流转市场中的耕地特征是否匹配，这是研究流转市场和农业规模经营时不可忽略的问题。本书将从地块层面进行理论和实证分析，考察地块的空间特征对其规模经济的影响，这是本书研究的理论起点。

2.1.4 总结及文献述评

综上所述，无论是政策还是学术研究，耕地流转与农业规模经营都是热点问题，但目前尚缺乏对耕地流转与农业规模经营的内在关系的分析。尽管耕地流转是实现农业规模经营的必经之路，但流转市场耕地的流向才是决定我国农业规模经营发展的关键因素。从已有研究看，学者们多从流转主体、流转市场探讨影响耕地流转决策的因素，而其是如何影响耕地流向的？耕地的不同流向对农业规模经营会产生什么影响？尚缺乏充分的理论和实证分析。与此同时，现有关于农业规模经营的研究，多关注农户层面耕地面积的扩大，而忽略了农户扩大经营面积、开展规模经营产生需要什么样的耕地？耕地的空间特征对农业生产存在什么样的影响？促进农业规模经营的有利条件是什么？这是本书研究的现实起点和理论起点。

随着人口老龄化和农户收入结构的多元化，促进了耕地流转市场的进一步扩大，会对农业规模经营及发展有什么样的影响？在农业规模发展的过程中，政府采取了一系列措施，能否推动农业规模经营的发展？下一步政策指导的方向是什么？这是本书可能具有的政策含义。

2.2 概 念 界 定

2.2.1 耕地流转

耕地流转绝非指改变那难以移动的位置，更多的含义是与耕地相关的权利在不同主体之间的转移。根据现行法律，附着在耕地上的权利包括所有权、承包权、经营权、收益权、转让权、抵押权等，我国的《农村土地承包法》和《物权法》规定了，耕地的所有权国有或归集体所有，农户不拥有也不能流转所有权，能够流转的是承包权和经营权，流转的方式有转包、出租、互换、转让、入股、抵押等，而相关的转让权和抵押权派生于承包权和经营权。

依据《农村土地承包经营权流转管理办法》第三十五条定义：转包是指"在一定期限内，承包方把全部或部分的土地承包经营权转给同一集体经济组织内其他农户从事农业经营"；出租是指"在一定期限内，承包方将全部或部分的土地承包经营权租赁给他人从事农业经营"，而其中如果租入方和租出方是同一集体经济组织内的成员又可以被称为转包；互换是指"承包方之间为方便耕作或者各自需要，对属于同一集体经济组织的承包地块进行交换，同时交换相应的土地承包经营权"；转让是指"经承包方申请和发包方同意，将部分或全部土地承包经营权让渡给其他从事农业生产经营的农户"，但要求"承包方有稳定的非农职业或者有稳定的收入来源，且必须经发包方同意"，转让的结果是"由受让方同发包方确立新的承包关系，即行终止原承包方与发包方在该土地上的承包关系"；入股是指"将土地承包经营权作为股权，自愿联合从事农业合作生产经营"。

对比以上关于流转关系的表述，可以发现在流转中"承包权"与"经营权"并非是不可分离的要素（石峰，2007）。在流转中既可以是承包权与经营权的统一流转，即承包人将承包权和经营权一并让与他人，退出承包经营合同，如互换、转让；也可以是经营权与承包权分离的流转，即在不改变承包经营合同主体的前提下，承包人将土地经营权让与他人，如转包、出租。

由于上述法律条文中的土地包括"耕地、林地、草地，以及其他依法用于农业的土地"，而本书集中于分析耕地，其他类型的土地并不在分析的范围内。因而，本书研究关注的重点在于耕地在经营者之间的流动和集中，并不关注耕地承包权是否转移，且现阶段流转中自愿放弃耕地承包权的农户数量较少，所以分析中并不特别区分耕地流转是采用哪种流转方式。本书中的"转出"既可以是耕地出租、转包，也包括农户之间耕地的互换、转让，以及农户将耕地入股；"转入"可以是租入、互换、受让，也可以是承接入股耕地。

2.2.2 耕地资源禀赋

在社会生产中，生产资料一般都是人类劳动的产品，通过人的劳动可以增加要素的数量，而土地作为一种生产资料具有其特殊性。土地是自然形成具有不可再生性，在区域内其数量或面积是有限的，且占据的空间不能移动，与特定的气候、水文、地质、地貌、土壤种类等自然条件密不可分，表现为独特的自然属性。参照《土地利用现状分类》，可以将土地分为耕地、园地、林地、草地、商业用地等，耕地作为土地的一种，是农业生产中不可替代的基本要素，不仅为农业生产提供立足点和活动场所，还以自身的物理性质、化学性质、气候条件等直接参与农业生产，是一个包含空间、土壤、水文、气候等因素的综合体（钟甫宁，2011）。

通常而言，耕地资源禀赋主要指劳动者所拥有耕地资源的数量和质量（李英普，2016）。从耕地资源的数量来看，最常见的衡量指标是拥有耕地的面积；从耕地资源质量来看，不仅包括土壤的类型、肥力等物理、化学特性，还包括有利于作物生长的灌溉条件和气候环境，以及与生产紧密相关的耕地位置、分布。随着耕作、施肥、土壤改良、灌溉等技术条件的发展，人为因素改善耕地的物理、化学等特性，使得耕地这方面的差异缩小或并不明显，然而耕地分布是很难移动的，或改善的成本较高。因而，本书选择区域内农户平均的耕地面积和地块数量作为衡量耕地资源禀赋的指标。

2.2.3 农业经营规模

在农业经济学范畴，农业经营规模具体是指微观层面的农场经营的规模（何秀荣，2017），其中"农场"涵盖了农户、合作社、公司等多种类型的以农业为主的基本生产单位，而"经营规模"通常是根据生产单位的要素投入或产出数量反映的生产能力（顾江，2001），一方面包括生产占据空间的大小及投入要素的数量，另一方面是生产成果或产品的数量、质量。

结合农业生产的要素投入来看，经营规模可以是以农业生产耕地数量投入为标准的耕地规模、以农业劳动力投入数量为标准的人力规模、以生产技术和设备投入为标准的技术规模、以生产决策协调和控制为标准的管理规模、以生产产品的实物数量为标准的产量规模、以生产产品产值为标准的产值规模或收入规模等等。通常而言，在不同资源禀赋条件、生产技术水平、作物种类条件下，衡量农业生产经营规模大小的标准是存在差异的。李忠国（2005）提出农业经营规模应该与生产力水平相适应，促进土地、劳动两种要素合理组合和充分利用，才能获得最佳经济效益。结合我国的资源禀赋条件，在高度紧张的人地关系的条件下，耕地作为农业生产最为基本的投入要素，具有不可再生性且供给缺乏弹性，作为农业经营规模的衡量标准被广泛接受。

与此同时，由于自然环境条件的约束，不同地区耕地经营的复种情况不同，带来农户经营规模与耕地经营规模的统计存在一定差异。本书在测度农户经营规模的时候，对于不存在复种的地区，直接用农户实际拥有的耕地面积进行衡量；对于复种地区，用农户的实际播种面积来进行衡量。按照2017年全国农业普查指标解释，种植业规模户指"一年一熟制地区露地种植农作物的土地达到100亩及以上、一年二熟及以上地区露地种植农作物的土地达到50亩及以上"的农户。本书也采用该指标界定农业规模户，并按照该标准将农户划分为规模户和普通户两类。

2.2.4 地块层面规模经济

根据《新帕尔格雷夫经济学大辞典》（约翰·伊特韦尔等，1992），规模经济描述的是经营规模扩大带来产品单位成本降低的现象。谈到农业规模经济，一般认为是农户经营耕地面积的扩大带来单位产品成本的降低。农户经营面积的扩大，在一定范围内能够节约生产要素的投入数量、降低生产要素（服务）"价格"，促进边际产出高的要素替代边际产出低的要素，以降低生产的单位产品成品。

然而，农户经营耕地面积的扩大并不意味着地块面积的扩大，也可能表现为经营地块数量的增加。在农户经营耕地面积扩大过程中，新增耕地的空间特征会影响生产中要素的投入数量和要素替代。例如，若新增地块面积小且位置较远，除了会增加劳动者在转换劳动地点和运送生产资料等方面的时间消耗和交通成本以外，还不便于机械作业，妨碍机械技术对劳动的替代或制约机械作业效率，带来生产的规模不经济。从农户层面来看，如果仅是耕地的面积足够大，而地块高度分散，会带来严重的效率损失（叶兴庆、翁凝，2018），妨碍了农户规模扩大可能实现的规模经济。因而，地块层面的规模经济是农户规模经济的基础。

在本书中，地块层面的规模经济描述的是：地块面积扩大时，地块上生产的单位产品成本降低的现象。结合农业生产来看，地块层面的规模经济，一方面可能源于地块面积扩大有利于要素运输、机械作业、固定设施等方面不可分性的成本分摊，另一方面可能源于面积扩大改善了地块的空间特征对要素替代的约束。

2.2.5　农业规模经营程度

根据农业经营规模和农业规模经营的含义可知，农业经营是生产主体通过配置土地、劳动力、资本、管理等要素，以产生经济效益和社会效益的过程，依据耕地投入数量与经济效益之间的关系，可以确定生产主体最优的耕地投入数量。通常而言，当达到最优规模的生产主体的数量或比例增加时，能够提升农业的劳动生产率或土地产出率，提高整体的农业生产效率。与农业经营规模反映微观主体经营效率不同，农业规模经营反映区域或整体农业经营效率水平，即在保证生产主体经济效益有所提高的前提下，使劳动力经营耕地面积，与社会整体的经济发展和生产技术的水平相适应，以实现劳动效益、技术效益和经济效益的最佳结合。

近年来，我国农业政策特别强调发展多种形式的农业规模经营，并依靠财政奖补，鼓励和支持规模经营发展。2014 年中央一号文件强调要发展多种形式规模经营，2015 年国务院办公厅《关于加快转变农业发展方式的意见》提出各地要采取财政奖励或补助等措施，对多种形式的农业规模经营进行扶持，2015 中共中央办公厅国务院办公厅印发《深化农村改革综合性实施方案》提出发展多种形式的适度规模经营，并重点提到了土地经营权入股和托管这两种形式，同时要求在发展多种形式的适度规模经营中不片面追求超大规模经营，而重点发展规模适度的农户家庭农场。并由财政部、农业部联合发文《关于全面推开农业"三项补贴"改革工作的通知》，利用20%的农资综合补贴存量资金、种粮大户补贴试点资金、农业"三项补贴"增量资金，对种粮大户、家庭农场、农民合作社等规模经营主体进行补助。

农业政策的反复重申，一方面表明国家十分注重农业规模经营的发展，另一方面也说明我国农业规模经营的发展不尽如人意或发展速度缓慢。那么，我国农业规模经营发展程度的衡量标准是什么？无论是政策解读，还是学术研究均未给出定义或说明，不过必须明确的是，农业规模经营程度反映农业生产效率整体水平，与农户经营规模存在一定内在联系。一直以来，"规模经营主体数量"被用于描述农业规模经营的发展（刘守英，2015；仇焕广、刘乐，2017），但规模经营主体的数量变化与农业规模经营面积变化和耕地资源集中并不具有一致性，导致其很难全面反映农业规模经营的发展情况，且可比性不强。

因此，本书提出用"规模户经营面积占耕地总面积的比例"作为农业规模经营程度的测度指标。一方面，其体现了耕地经营的集中程度，能够反映农业规模经营特征；另一方面，具有较好的可比性，能够运用于规模经营发展的判断和比较。

第 3 章

理论基础与分析框架

　　为了解释"为什么流转市场的耕地流向趋于分散"，本书将从耕地空间特征的视角进行分析，一方面农户比较转入不同面积和位置的地块在耕地利用上规模经济的差异，另一方面从不同规模农户的差异出发，分析其对转入耕地的空间特征偏好的异质性，从而阐明流转市场中耕地的空间特征对耕地资源流向的影响及资源配置的含义，并进一步讨论耕地流转市场与农业规模经营的内在联系及发展趋势。与传统研究耕地细碎化问题倾向于分析固定经营面积在空间上的分散不同，本书重点关注农户转入更多地块和面积的分析，从地块层面的规模经济分析切入，并回到农户层面这一更为普遍接受的概念，着重强调转入不同地块对农户规模经济的含义，丰富已有耕地流转与细碎化研究的视角。同时，从发展的角度考察流转市场耕地异质性的动态变化，以期有助于判断中国农业规模经营的发展趋势。

本章将系统介绍本书研究的理论基础与分析框架，具体分为四个部分：首先，根据已有经济理论与研究结论，构建本书的分析框架；其次，在农户模型的理论分析基础上，结合农业生产比较转入不同面积和位置的地块的生产成本差异，探讨转入地块的面积与位置对地块层面规模经济的影响；再其次，从农户异质性的角度出发，比较不同规模农户对转入耕地的空间特征偏好的差异，阐明地块的空间特征对流转市场耕地流向的影响；最后，在以上分析结论的基础上，结合耕地流转市场的特点，构建数理模型分析流转市场的发展与农业规模经营的内在联系及约束条件，进一步讨论其未来的发展趋势。

3.1 分析框架

耕地流转市场发育被认为是实现农业规模经营的必然选择（黄季焜等，2008；徐志刚，2017）。在我国，现有耕地资源十分有限，可供继续开发（开山、填湖、填海等开荒）利用的资源不足，带来长期耕地面积总量很难扩大。同时，耕地集体所有和集体成员公平分配的产权制度下耕地被细分，导致每个农户拥有的耕地面积非常有限。因而，农业规模经营的唯一途径是耕地经营权的重新配置。一方面，部分农户减少或完全放弃耕地经营，为另一部分农户转入或并入土地扩大经营面积创造条件（陈奕山，2017）；另一方面，重新配置过程能在一定程度上缓解耕地细碎化问题，提高农业机械使用效率和耕地生产效率（黄季焜、马恒运，2000；张照新，2002）。在此背景下，规模户的形成和耕地的集中利用依赖流转市场耕地资源的再配置，而且流转市场中规模户的数量和耕地利用的集中程度，取决于耕地再配置过程中流向规模户的比例。因而，流转市场中耕地流向决定了农业规模经营的发展。

在完善的竞争性市场中，价格机制是配置资源的一般性原则，流转市场中理性的耕地转出者会选择支付租金更高的转入者，而转入者支付的租金取决于转入耕地经营获得正常的劳动、投资和经营报酬后的"超额利润"

（Gardner，1992；钟甫宁等，2007；申云，2012）。从经济学原理出发，农户扩大土地规模的需求，来源于现有资源约束下扩大土地规模的成本收益的比较，根本原因在于潜在的规模经济。耕地流转市场中的同一地块，对不同潜在转入户的规模经济增量会受到两个方面因素的影响：第一，潜在转入者的资源禀赋，由于经营管理能力、要素禀赋以及生产技术等方面的差异，导致潜在转入户对耕地的利用方式不同，带来的边际收益存在差异；第二，地块的空间特征，新增地块的面积与位置不仅会影响地块上要素投入的数量和成本，还会影响生产技术的采用和效率，导致新增地块的边际收益不同。由于流转市场中耕地的分布具有随机性，不同空间特征的地块在流转市场上对于不同转入户的价格存在差异，谁会为耕地支付更高的价格，不仅取决于转入者的生产经营能力，还会受到地块的空间特征的影响，例如，地块面积及地块与转入者的相对位置。对于规模经营户，农业生产的规模经济很大程度上依赖于耕地的集中连片，如果仅仅是面积数量足够大，而地块高度分散，则会带来严重的效率损失（叶兴庆，2018），规模户对地块面积和连片的要求高于普通户，会为大面积和连片的地块支付相对较高的租金。在耕地流转市场中，面积大或位置相连的连片地块会流向规模户或形成规模户。

农业规模经营程度的衡量标准是区域内规模户经营面积占总耕地面积的比例，如果区域内耕地流向规模户的比例越大，则农业规模经营程度相应的也越高。转出的耕地是否能形成连片，且达到地块层面的规模经济门槛，会受以下三个方面因素的影响：第一，区域内耕地流转的比例，决定了区域内潜在可以转入地块的数量；第二，农户耕地平均地块面积，反映达到地块层面规模经济所需要地块的数量；第三，耕地细碎化程度，决定任意两个地块相邻的可能性。前者受社会经济因素影响且随时间变化，后两者由耕地资源禀赋决定，三个因素共同影响流转市场上耕地连片的概率，从而影响区域内农业规模经营程度和发展趋势。

综上所述，本书具体的分析逻辑框架如图 3-1 所示。

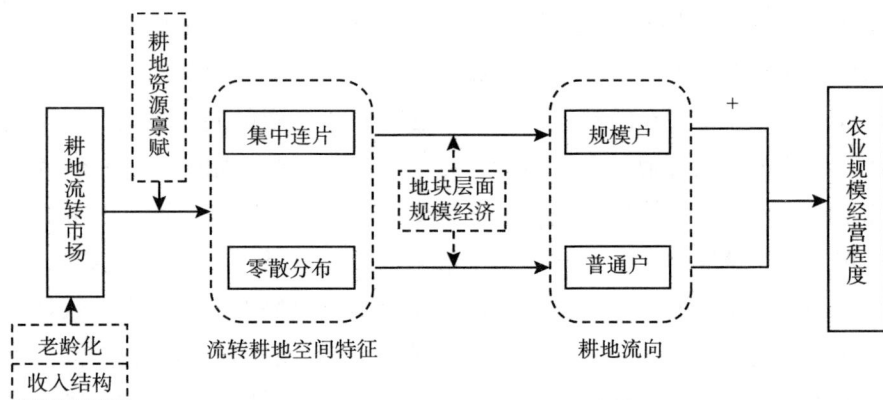

图 3 – 1　分析框架

注："＋"代表促进作用，产生正向影响。

3.2　转入地块的空间特征对地块层面的规模经济的影响

根据《新帕尔格雷夫经济学大辞典》（约翰·伊特韦尔等，1992）关于规模经济的定义可知，规模经济描述的是经营规模扩大带来产品单位成本降低的现象。从农户层面来看，经营面积扩大带来的规模经济主要源于三个方面：一是要素投入数量的节约。最常见的是由于要素的不可分性，总成本的一部分是固定或呈阶梯式增加的，这部分投入与耕地面积没有直接的线性关系。二是要素（服务）"价格"的降低。大批量购买生产要素或外包服务可能具有价格上的优势，大批量出售农产品也可能降低单位销售费用。三是要素的替代。经营者资源禀赋的差异导致各要素稀缺程度不同，扩大规模有利于采用边际产出率更高的要素或技术代替边际产出率低的要素或技术，即通过技术进步降低单位成本。

本节的重点在于分析农户转入耕地的面积与位置对生产中地块层面规模经济的影响，将从两个方面进行展开：第一，利用农户模型分析农户转入耕地租金的决定因素。在传统的农户耕地流转行为分析中，模型设定往往固定了流转市场耕地的价格，然而由于农户自身要素禀赋的差异，以及转入耕地空间特征的差异，会导致农户转入不同数量耕地时的支付意愿存在差异，这意味着农户面对的流转市场中的价格并非固定，不仅会受到流转市场要素供给的影响，还会受到农户自身要素禀赋及转入地块空间特征的影响。第二，结合农业生产实际，从地块层面讨论转入地块的面积与位置对农业生产的影响，并构建地块层面的生产成本函数，分析转入地块的空间特征对地块层面规模经济的影响。

3.2.1　农户转入耕地的租金支付函数

在竞争性的耕地流转市场中，农户支付的租金决定了其在流转市场中的竞争力，而其租金的支付能力取决于转入耕地经营获得正常的劳动、投资和经营报酬后的"超额利润"。因而，农户面对的并非是一个价格固定的耕地流转市场，后文将利用农户模型分析农户在耕地禀赋 M 的条件下，进一步扩大经营面积的租金支付能力。按照传统农户模型的一般设定，农户追求家庭效用的最大化，其取决于消费商品的数量 G_X 和闲暇的时间 T_X，同时 G_X 和 T_X 均满足"非餍足"性商品的边际效应为正且递减的基本特征。

$$U = U(G_X, \ T_X) \tag{3-1}$$

农户效用面临的收入约束、技术约束、资源约束，可以分别表示为：

收入约束：$P_G \times G_X = P_A \times Q - P_V \times V - P_M \times M_t + P_L \times T_L + E$　　(3-2)

技术约束：$Q = Q(M, \ V, \ T_A)$　　(3-3)

时间约束：$T = T_X + T_A + T_L$　　(3-4)

耕地约束：$M = M_0 + M_t$　　(3-5)

在收入约束函数式（3-2）中，各参数的含义分别为：P_G 为消费商品的价格，P_A 为生产农产品的价格，Q 为农户生产农产品的总量，P_V 为农业生产投入要素的价格，V 为生产投入要素的数量，P_M 为流转耕地的租金率，M_t 为流转耕地的面积，P_L 为劳动力市场工资，T_L 为参与非农劳动力市场的劳动时长，E 为农户非生产和非劳动收入（如转移支付、财产性收入等）。在技术约束函数式（3-3）中，M 为农业生产的耕地总面积，T_A 为农业生产劳动投入总时长；$Q(\cdot)$ 为生产函数，满足要素投入边际产量为正且递减的基本特征。在时间约束函数式（3-4）中，T 为家庭劳动禀赋，T_X 为闲暇时间，T_A 为农业生产劳动投入总时长，T_L 为参与非农劳动力市场的劳动时长，若 $T_L > 0$ 表示在劳动力市场受雇，$T_L < 0$ 表示在劳动力市场雇工。在耕地约束函数式（3-5）中，M_0 为农户自有耕地面积，M_t 为流转耕地面积，由于本书分析农户转入耕地行为，设定 $M_t > 0$。

将技术、时间和耕地资源约束方程代入收入约束函数式（3-2）可以得到：

$$P_G \times G_X + P_L \times T_X = P_A \times Q - P_V \times V - P_M \times M_t + P_L \times (T - T_A) + E \quad (3-6)$$

则面对式（3-6）的约束条件，求解农户效用函数式（3-1）的最大值，对应的拉格朗日方程为：

$$L = U(G_X, T_X) + \lambda [P_A \times Q - P_V \times V - P_M \times M_t + P_L \times (T - T_A)$$
$$+ E - P_G \times G_X - P_L \times T_X] \quad (3-7)$$

根据函数的设定，$U(\cdot)$、$Q(\cdot)$ 均为严格凹的，初步判断内生变量 G_X、T_X、M_t、V、T_A 存在内点解，且最优解的一阶条件为零。由于本书关注农户在现有资源约束下扩大耕地规模的效应，因而重点考察耕地经营面积变化带来的影响。根据上文的拉格朗日方程对 M 求偏导可得：

$$\frac{\partial L}{\partial M_t} = \lambda \times \left(P_A \times \frac{\partial Q}{\partial M_t} - P_V \times \frac{\partial V}{\partial M_t} - \frac{\partial P_V}{\partial M_t} \times V - P_L \times \frac{\partial T_A}{\partial M_t} - P_M \right) = 0 \quad (3-8)$$

进而可以得到：

$$P_M = P_A \times \frac{\partial Q}{\partial M_t} - P_V \times \frac{\partial V}{\partial M_t} - \frac{\partial P_V}{\partial M_t} \times V - P_L \times \frac{\partial T_A}{\partial M_t} \quad (3-9)$$

根据式（3-9）可知，影响农户转入耕地租金 P_M 的因素主要包含以下四个部分：第一，经营面积扩大带来的产量增加量的价值；第二，经营面积扩大后生产要素投入增加量的成本；第三，经营面积扩大后带来要素价格变化导致支出成本的变化量；第四，经营面积扩大后农业劳动时间投入增加量的成本。

值得注意的是，农业生产中作物的生长和人的活动往往是在由田埂划定的空间范围内进行的，劳动者"日出而作、日落而息"，往返于居所与地块之间"照料"作物和运送生产要素，这种生产与生活特性决定了不同地块的生产成本存在差异，例如：地块的位置决定了劳动者往返于居所与地块的时间耗费和生产要素的运输成本，田埂划定的地块面积为劳动者活动和机械作业运行的空间范围，会影响机械与劳动的替代及机械作业效率，等等。对于转入户而言，转入地块的面积与位置会影响生产过程中要素的投入数量和生产方式，带来要素投入的边际产出存在差异的，进而影响转入地块能够产生的"超额利润"和租金支付能力。结合农业生产实际，分析式（3-9）中影响转入耕地的租金的因素可知，$\dfrac{\partial Q}{\partial M_t}$ 取决于农业生产经营能力和要素禀赋，$\dfrac{\partial V}{\partial M_t}$、$\dfrac{\partial T_A}{\partial M_t}$ 受到新增耕地的空间特征的影响；$\dfrac{\partial P_V}{\partial M_t}$ 会受到生产要素市场、流转交易成本等众多因素的影响①。因而，地块的空间特征是影响农户转入耕地租金的不可忽视的因素，后文将进一步讨论地块的空间特征对地块层面生产成本及规模经济的影响。

3.2.2　转入地块的空间特征对规模经济的影响

农业生产的投入主要包括种子（或种苗）、化肥、农药、机械、劳动、基础设施，以及取得地块经营权的租金。从地块层面来看，各要素的投入随地块面积的变化表现出不同的特征。具体而言：如种子（或种苗）、化肥、农药、机械作业、田间劳动等要素，投入数量会随地块面积的扩大呈线性或近线性的趋势增加；而如地块基础设施、地块往返时间、机械跨地块时间等投入，随地块面积的扩大呈阶梯式增加，或固定不变②。与此同时，由于农业技术或机械的采用会受到地块空间范围的限制，例如，机械作业需要一定的空间完成往复和转向运动，在狭小的空间中机械频繁转向及移动困难，地块面积小会限制机械的使用，即便可以使用也会制约其作业效率，因而地块的面积扩大会削弱空间对机械使用和要素替代的不

---

① 由于关系复杂且难以具体测度，本书不做深入讨论，具体分析时假定 $\dfrac{\partial P_v}{\partial M_t}=0$。

② 分析中分别将两种类型的要素视为可变要素和固定要素。

利影响（郭阳、钟甫宁，2019）。

总的来看，地块层面生产的总成本并非随地块面积的扩大等比例增加。地块面积的扩大不仅有助于固定要素投入成本在更大面积上分摊，而且有利于农户采用边际产出高的要素替代边际产出低的要素，带来新增面积上生产要素投入的节约，即边际生产成本会随着地块面积的扩大而减小。但值得注意的是，无论是地块层面固定要素投入的分摊，还是可变要素的替代，随着地块面积的扩大而减小的空间越来越有限，意味着边际生产成本随着地块面积的扩大而减小的幅度越来越有限。

本书设定地块层面的边际生产成本函数为 MC，在相同的单位面积产出条件下（设定为 q），据以上分析可知：边际生产成本函数与地块面积的关系可表述为 $\frac{\partial MC}{\partial M} < 0$，$\frac{\partial^2 MC}{\partial M \partial M} > 0$，函数的曲线如图 3 - 2 所示。

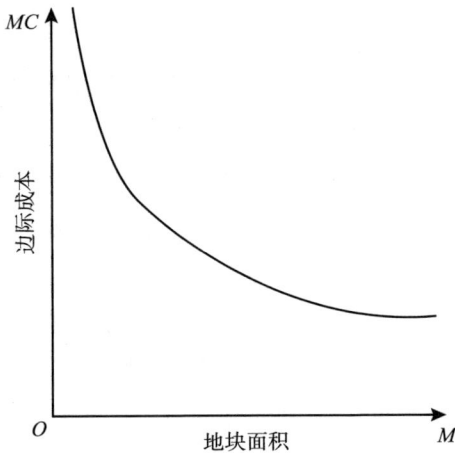

图 3 - 2　地块层面的边际生产成本函数曲线

本节成本函数设定与经济学教材中生产成本函数存在一定差异，主要原因在于技术的设定条件不同。经济学教材中平均成本函数的 U 形变化趋势是基于生产技术水平不变的前提，而在农业生产中经营规模的扩大往往伴随着技术的升级。查瓦斯（Chavas，2001）指出不同规模的农户会选择不同生产效率的技术和设备，典型的情况是：一个农户采用某水平的技术，在某规模范围内平均成本会随着规模的扩大而降低，当出现成本不再降低或升高时，农户可以选择转向另一种能更好适应新规模的技术（如通过资本投资和机械化）。在地块层面来看也同样如此，农户会采用与地块面积相适宜的技术，而当出现地块面积扩大而成本不再降低或升高时，农户可以选择更高效的技术或机械，通过要素替代以降低单位成本，因而本书关于单位面积生产成本的设定是合理的。

以下论述将依次从地块层面分析转入地块的面积、位置对生产成本、规模经济和地块租金的影响。

（1）转入地块的面积对规模经济和租金率的影响。如图 3-3 和图 3-4 所示，展示了在原有地块 M_0 条件下，转入面积 M_1 和 $M_2(M_1 < M_2)$ 地块时的边际成本曲线，其中：图 3-3 为转入地块与初始地块位置不相连时的边际成本曲线，图 3-4 为转入地块与初始地块位置相连时的边际成本曲线。原始地块 M_0 的初始生产成本为 $C_0 = \int_0^{M_0} MCdM$，产出 $Q_0 = q \times M_0$。

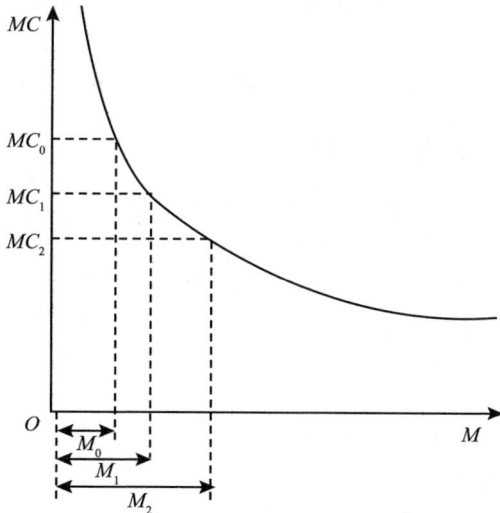

图 3-3 转入不同面积地块的生产成本比较（位置不相连）

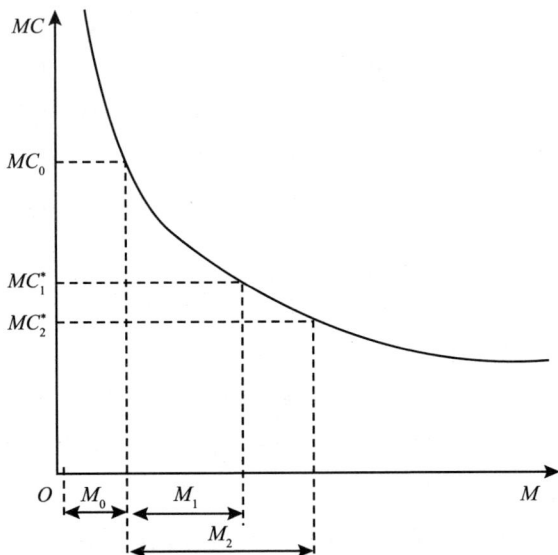

图 3 – 4　转入不同面积地块的生产成本比较（位置相连）

当转入地块位置不相连时，地块 M_0 和 M_1 的生产总成本为 $C_1 = \int_0^{M_1} MC\mathrm{d}M + \int_0^{M_0} MC\mathrm{d}M$，产出 $Q_1 = q \times (M_0 + M_1)$。因此，地块 M_1 上的单位产品生产成本 $AC_1 = C_1/Q_1$，转入地块 M_1 的租金率为 $R_1 = \big[(Q_1 - C_1) - (Q_0 - C_0)\big]/M_1 = q - \int_0^{M_1} MC\mathrm{d}M/M_1$。同理可得，地块 M_2 上的单位产品生产成本 $AC_2 = C_2/Q_2$，转入地块 M_2 的租金率为 $R_2 = q - \int_0^{M_2} MC\mathrm{d}M/M_2$。由 $\frac{\partial MC}{\partial M} < 0$ 且 $M_1 < M_2$，可得 $\int_0^{M_1} MC\mathrm{d}M/M_1 > \int_0^{M_2} MC\mathrm{d}M/M_2$，所以有 $AC_1 > AC_2$ 且 $R_1 < R_2$，即对于转入位置不相连的地块，面积大的地块相对于面积小的地块更具有规模经济，也表现为地块的租金率更高。

当转入地块位置与原有地块 M_0 相连时，M_0 与地块 M_1、M_2 合并分别形成地块面积为 $M_0 + M_1$ 和 $M_0 + M_2(M_0 + M_1 < M_0 + M_2)$，合并后地块的生产成本函数分别为 $C_1^* = \int_0^{M_0+M_1} MC\mathrm{d}M$，$C_2^* = \int_0^{M_0+M_2} MC\mathrm{d}M$，产出分别为 $Q_1^* = (M_0 +$

$M_1) \times q$，$Q_2^* = (M_0 + M_2) \times q$。因此，地块 M_1 上的单位产品生产成本 $AC_1^* = C_1^*/Q_1^*$，地块 M_2 上的单位产品生产成本 $AC_2^* = C_2^*/Q_2^*$；转入地块 M_1 的租金率为 $R_1^* = [(Q_1^* - C_1^*) - (Q_0 - C_0)]/M_1 = q - \int_{M_0}^{M_0+M_1} MCdM/M_1$，同理可得，转入地块 M_2 的租金率为 $R_2^* = q - \int_{M_0}^{M_0+M_2} MCdM/M_2$。由于 $\frac{\partial MC}{\partial M} < 0$ 且 $M_1 < M_2$，可得 $\int_0^{M_1} MCdM/M_1 > \int_0^{M_2} MCdM/M_2$，所以有 $AC_1^* > AC_2^*$，且 $R_1^* < R_2^*$，即对于转入位置相连的地块，面积大的地块相对于面积小的地块更具有规模经济，也表现为地块的租金率更高。

两组比较的结果显示：无论地块位置是否相连，面积大的地块相对于面积小的地块更具有地块层面的规模经济，也表现为地块的租金率更高。

但是，随着地块面积的扩大带来的规模经济效益是逐渐变化的。从租金角度来看，转入地块的面积带来的规模经济效益增量的差异可以理解为地块租金率的差异，由于 $\int_0^M MCdM/M$ 的一阶导数小于零，二阶导数大于零，所以 $\frac{\partial R}{\partial M} > 0$，$\frac{\partial^2 R}{\partial M \partial M} < 0$。表明了随着地块面积的扩大，带来的规模经济效益总量逐渐增加，但增加量呈递减趋势变化。

（2）转入地块的位置对规模经济和租金率的影响。如图 3 - 5 所示，展示了在原有地块 M_0 条件下转入面积为 M_1 的地块，当地块面积与原有地块位置相连和不相连时的边际成本的比较。原有地块 M_0 的初始生产成本为 $C_0 = \int_0^{M_0} MCdM$，产出 $Q_0 = q \times M_0$。

参考前文的分析结果：当 M_1 的位置与 M_0 不相连时，地块 M_1 的单位产品成本为 $AC = \int_0^{M_1} MCdM/qM_1$，地块 M_1 的租金率为 $R = q - \int_0^{M_1} MCdM/M_1$；当 M_1 的位置与 M_0 相连时，地块 M_1 的单位产品成本为 $AC^* = \int_0^{M_0+M_1} MCdM/q(M_0 + M_1)$，转入地块 M_1 的租金率为 $R^* = q - \int_{M_0}^{M_0+M_1} MCdM/M_1$。由 $\frac{\partial MC}{\partial M} < 0$ 和 $\frac{\partial^2 MC}{\partial M \partial M} > 0$、$M_1 < M_0 + M_1$、$M_0 < M_0 + M_1$，可得 $AC > AC^*$，且 $R <$

R^*，即转入地块的位置与原有地块相连时更具有规模经济，表现为地块的租金率更高。

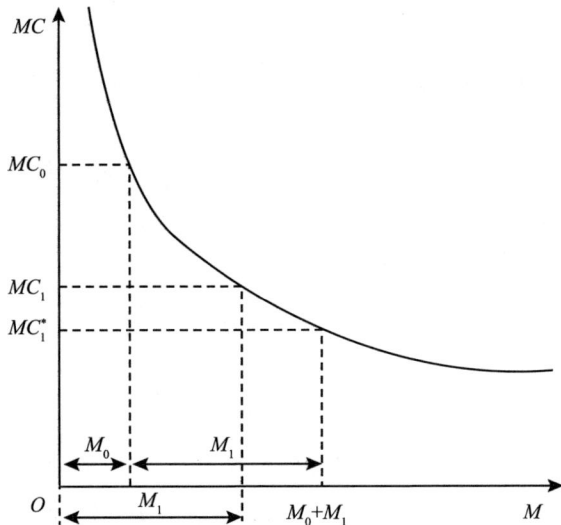

图 3-5　转入非相连地块与相连地块的生产成本比较

值得注意的是，随着转入地块面积的扩大，地块位置相连带来的规模经济效益是逐渐变化的。从租金角度来看，地块位置是否相连对地块规模经济效益的差异可以理解为地块租金率的差异，即 $\Delta R = R^* - R = (\int_0^{M_1} MCdM - \int_{M_0}^{M_0+M_1} MCdM)/M_1$，进一步对 M_1 求偏导可得 $\Delta R' < 0$，即意味着随转入地块面积的扩大，位置相连带来的规模经济效益呈递减的趋势变化。

综上所述，对于同一耕地转入者，流转市场中不同位置和面积的地块对生产的规模经营的影响是存在差异的，面积大的地块相对于小地块更具有规模经济，位置相连的地块相对于非相连的地块更具有规模经济。同时，随着转入地块面积的扩大，转入经营带来的规模经济效益增量呈递减的趋势变化。据此，提出有待检验的研究假说：

研究假说一：耕地流转市场中，面积大的地块和与原有土地位置相连的地块具有耕地利用上的规模经济，但带来的经济效益随地块面积的扩大而不断递减。

3.3 不同规模农户耕地转入偏好的异质性分析

在完全的竞争性市场中，转出户选择流转对象的唯一标准是租金，而转入户的租金支付能力来源于转入耕地经营的"超额利润"。在流转市场中，地块的空间特征及潜在转入户的要素禀赋均存在差异。从转入户角度来看，由于农户的要素禀赋和生产经营能力不同，生产过程中要素的组合方式的差异，会导致农户对转入耕地特征的需求（张淑萍，2015）和租金支付能力存在差异，即对于流转市场中的同一地块，不同潜在转入户能够支付的租金是不同的。从地块角度来看，转入经营的地块的面积和位置不仅会影响农业技术的采用和要素替代，还会影响地块层面生产成本的分摊，导致不同面积与位置的地块具有不同的价值，即流转市场中同一农户对不同面积和位置的地块的租金支付意愿存在差异。以下考察地块面积与位置对生产的可能影响，以及不同农户对地块空间特征偏好的异质性。

（1）地块面积。在控制地块位置的前提下，与面积大的地块相比，小地块可供劳动和机械活动的空间有限，除了在资料运输、劳动、机械等要素的跨地块成本分摊上不具有优势，还会限制地块上机械作业的可能性；即便可以实现机械替代，也会制约机械效率的发挥。因而，在流转市场的竞争中，对于面积大的地块，转入户的经营能力越强、机械水平越高，转入耕地能够产生的超额利润也会越大，能够支付的租金水平也越高，从而具有竞争优势。对于面积小地块，机械水平高的农户会受到地块空间的限制，制约机械效率的发挥；劳动机会成本高的农户，在资料运输和劳动的跨地块成本方面耗费的时间成本高，在竞争中往往不具有优势；反而是机械水平不高、劳动机会成本较低的农户，转入小地块经营时对其生产的影响不大，在竞争中可能具有优势。

（2）地块位置。在控制地块面积的前提下，转入与原有耕地位置相邻的地块，能够通过边界相连、破除田埂等途径扩大地块有效耕作空间，一方面改善转入地块面积对机械替代和效率的约束，另一方面节约了资料运输、劳动、机械等跨地块作业的时间和成本，而且这种效应在地块面积较小时显得尤为明显。流转市场中面积大的地块，由于本身具有耕地利用上的规模经济，地块的位置是否与转入户相连对于生产的影响并不明显，其租金的支付能力取决于潜在转入户的经营能力，即地块位置对流转市场中的大地块的影响十分有限。而流转市场中的小地块，虽然会制约生产中机械效率的发挥和增加跨地块的时间与成本耗费，但这种情况能够通过位置相连而改善，即在小地块的竞争中，经营能力强和机械水平高的农户能够接受与已有耕地位置相连的小地块，当其与已有地块合并后具有耕地利用上的规模经济，转入经营能够产生的超额利润也较大，从而具有竞争优势；在位置不相连的小地块竞争中，机械水平和时间成本较高的转入户往往不具有优势，反而是机械水平不高、劳动机会成本较低的农户具有竞争优势。

（3）不同规模农户对转入耕地的空间特征偏好的差异。现阶段，农业生产仍然保留着以家庭为基本单元的生产模式，家庭劳动力是农业生产劳动的主要来源。随着农业经营规模的扩大，一方面改变了农业生产要素相对稀缺的状况，家庭生产的约束逐渐从耕地数量稀缺变为劳动稀缺，另一方面带来劳动力的边际产出的变化，增加了农业生产中其他要素替代劳动的需求，因而规模户的劳动稀缺程度和要素替代需求普遍高于普通户。

对于潜在的耕地转入户，区域范围内的耕地的空间特征可能具有四类：位置相连的大地块、位置不相连的大地块、位置相连的小地块、位置不相连的小地块。前三类地块直接或间接的具有耕地利用上的规模经济，会受到规模户和普通户的偏爱。而位置不相连的小地块，对于劳动力稀缺程度和机械替代需求较高的规模户，除了会限制边际产值高的要素替代边际产值低的要素外，还会增加劳动和机械跨地块作业的时间损耗，导致耕地投入的边际产出降低，因而规模户不倾向于转入不相连的小地块。换而言之，流转市场中零散的小地块，与规模户的劳动力相对更稀缺的要素禀赋以及机械替代劳动的技术选择不相洽，因而不受其"偏爱"。对于普通户而言，其生产中机械替代的需求并不如规模户强烈，且劳动的机会成本较低，虽然转入零散的地块在耕地利用方面也存在差异，但差别不大，其并不会"排斥"转入零散的小地块。总的来说，由于存在明显的地块层面的规模经济，零散分布的地块会妨碍转入者的规模经济效益,从而难以形成经营者层面的"规模化"经营,或得不到已实现"规模化"的经营者的偏好。

更进一步来看,地块面积与位置对不同潜在转入户地块层面规模经济的影响不同,导致转入户对不同面积与位置的地块的租金支付意愿存在差异,从而带来了不同空间特征的地块的流向差异。具体而言:"位置相连的大地块""位置不相连的大地块""位置相连的小地块"这三类特征的地块具有耕地利用上的规模经济,虽然都受到了规模户和普通户的偏爱,但规模户有经营能力和技术上的优势,相对于普通户转入经营能获得更高的边际产出,意味着规模户有能力为其支付更高的租金,因此在市场化条件下更可能流向规模户。位置不相连的小地块,其空间特征与规模户的劳动力的禀赋和技术选择不匹配,降低了规模户转入经营的边际产出,影响规模户的租金支付水平;甚至转入经营的边际产出可能为负,此种情形即便不收租金规模户也不会选择转入。而对于普通户,虽然经营能力相对较低,但转入位置不相连的小地块经营对其生产的负面影响并不显著,在零散小地块的竞争中处于优势,因而位置不相连的小地块较多流向普通户。据此,提出有待检验的研究假说:

研究假说二:规模户偏爱流转市场中面积大的地块,以及与原有土地位置相连的地块,且由于规模户的经营能力更强,耕地流转市场中的大地块和位置相连的地块更倾向于流向规模户,而零散的小地块以流向普通户为主。

3.4 耕地流转市场发展与农业规模经营的内在联系

耕地流转市场的发展,一方面为部分农户扩大面积形成规模户创造了条件,另一方面随机分布的地块可能通过相邻合并以扩大地块面积,在一定程度上缓解耕地细碎化的现状。按照前两节关于地块空间特征对地块层面规模经济的影响与不同规模农户耕地流转偏好的分析结论,以及本书关于农业规模经营程度的定义,我们可以推断:在市场自发条件下,流转市场地块实现连片的概率会影响农业规模户的形成,即在一定的流转市场中,地块连片形成大地块的概率越高，连片的大地块更倾向于流向规模户，那么规模户经营的耕地面积占比越大，农业规模经营程度越高。

流转市场中连片地块面积大小的需求取决于地块层面的规模经济。地块层面的规模经济是农业规模经济的基础，在一定技术条件下，机械作业运动需要一定的空间，空间过小时不仅会限制机械运动速度，还会增加机械空转时间，制约正常作业效率的发挥。随着空间的扩大机械作业效率逐步提高，但这种改善作用会逐步减弱①，意味着地块面积扩大带来机械作业环节成本降低的效应越来越小。劳动者、机械的跨地块的时间消耗成本，以及生产资料运输成本亦同样如此，以生产资料运输为例：成本与运输距离和数量有关，由于运输工具承载能力有限，地块面积扩大时单位资料的运输成本随着运输数量的增加而降低的幅度越来越小。随着地块面积的扩大，规模经济边际效益呈递减的趋势，在理论上存在一个面积值，当地块面积超过该值后地块单位生产成本不再降低，我们将其设定为地块层面规模经济的"面积门槛"。那么，我们可以判断，流转市场中随机分布的地块能够通过连片实现地块层面的规模经济，在一定流转市场中地块连片达到"面积门槛"的概率越高，连片的耕地流向规模户的可能性越大，则规模户经营面积的占比越高，相应的农业规模经营程度亦越高。

从耕地流转市场来看，农户转出地块的分布具有随机性。为了简化分析，本节设定一个理想化的情景②：一个村庄有 K 个农户，每个农户拥有的耕地面积为 M，被均分为 B 个地块分布在不同的地片，每个地片上的地块呈均匀的矩形分布（如图 3 – 6 所示）。现有 X 个农户将耕地全部转出退出农业生产，村庄农户数量 K 基本外生，不受到农户耕地面积 M、地块数量 B 的影响，耕地的流转的比例可以表示为 XM/KM，即 X/K，因而 X 能够表示区域内耕地流转市场的发育程度。

----

① 暂不考虑规模扩大后的技术进步。查瓦斯（Chavas，2001）分析农场规模报酬时指出，不同规模的农场会选择不同生产效率的技术和设备。典型的情况是：一个农场采用某种水平的技术，在一定规模范围内平均成本会随着规模的扩大而降低，当出现成本不再降低或升高时，农场主可以选择转向另一种能更好适应新规模的技术（如通过资本投资和机械化）。

② 现实情况远比设定的情景复杂，地片上地块面积大小不一、形状不规整、相邻地块数量不一致，以及地块转出时间先后、地形条件等均可能影响地块相邻合并的可能性。

由于地块面积扩大带来单位生产成本降低的效应越来越小，地块层面的规模经济将越来越不明显，将单位生产成本基本不变处的地块面积设定为地块层面的规模经济的"面积门槛"，用 A 表示。流转市场中地块连片达到"面积门槛"的数量至少为 $N = \mathrm{Rand}(A \times B/M) = r(A, B, M)$[①]，则 N 与耕地资源禀赋的关系可以表述为：$\dfrac{\partial N}{\partial M} < 0$，$\dfrac{\partial N}{\partial B} > 0$。

在地块完全随机分布的情况下，流转市场耕地连片且面积大于"面积门槛"的概率为 $P = f(N, X, K)$。根据流转市场地块连片的示意图（如图 3 - 6 所示），我们基本可以判断：在一定流转市场条件下，即 X 一定时，连片达到"面积门槛"的地块数 N 越小，则地块连片形成面积大于"面积门槛"的概率越大；在连片地块数 N 一定时，流转市场上地块数量越多，地块连片形成面积大于"面积门槛"的概率越大，即 $\dfrac{\partial P}{\partial N} < 0$，$\dfrac{\partial P}{\partial X} > 0$。根据两组偏导数关系可得：$\dfrac{\partial P}{\partial B} = \dfrac{\partial P}{\partial N} \times \dfrac{\partial N}{\partial B} < 0$ 和 $\dfrac{\partial P}{\partial M} = \dfrac{\partial P}{\partial N} \times \dfrac{\partial N}{\partial M} > 0$，即在一定流转比例条件下，户均耕地面积越大，流转市场地块连片达到"面积门槛"所需地块数量越少，

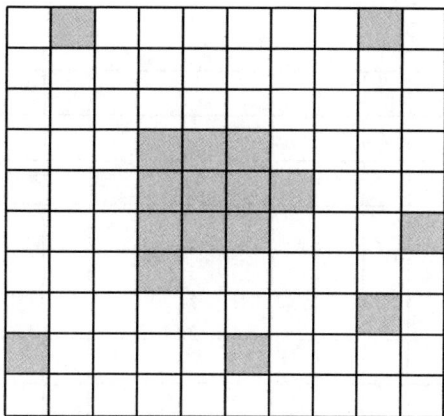

图 3 - 6　流转市场地块连片示意图

注：图中方格代表地片上农户的地块，浅灰色方格表示随机分布的流转地块。

---

① 公式 $x = \mathrm{Rand}(y)$ 表示对实数 y 向上取整。

实现连片的概率越高，那么流转市场上的耕地处于集中化，集中的耕地更趋向于流向规模户；户均耕地地块数越多，地块连片达到"面积门槛"所需地块数量越大，实现连片的概率越低，那么流转市场上的耕地处于分散化，分散的耕地更趋向于流向普通户。从而提出研究假说：

　　研究假说三：耕地流转市场发展对农业规模经营有促进作用，且耕地资源丰裕程度会强化流转市场对农业规模经营的促进作用，而耕地细碎化程度会弱化流转市场对农业规模经营的促进作用。

　　为进一步分析耕地流转市场发育与农业规模经营的关系，我们可以比较在流转比例 X_1 和 X_2（假定 $X_1 > X_2$）条件下流转市场耕地连片的概率 P 的变化，由之前条件可知 $\partial P/\partial X_1 > 0$，$\partial P/\partial X_2 > 0$。根据图 3 - 7 流转市场新增耕地连片的示意图，我们可以判断在 X_1 条件下新增一块耕地与其他地块连片的概率高于 X_2 条件下，即 $\partial P/\partial X_1 > \partial P/\partial X_2$，那么可以进一步得到 $\partial^2 P/\partial X^2 = [(\partial P/\partial X_1) - (\partial P/\partial X_2)]/(X_1 - X_2) > 0$，表明随着耕地流转市场的发育，新增耕地与原地块连片的概率将逐渐变大，而连片的大地块耕倾向于流向规模户，那么流转市场中规模户转入的面积占比将呈递增的趋势扩大，意味着耕地流转市场的发育将带来农业规模经营。

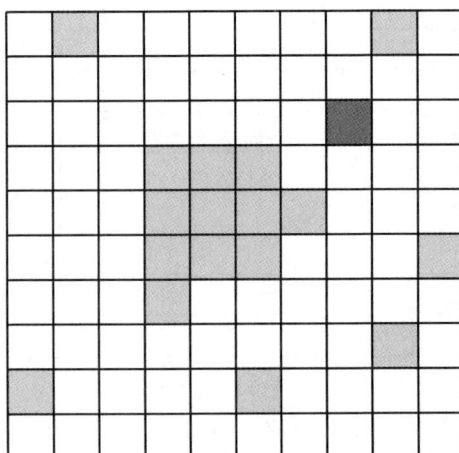

图 3 - 7　流转市场新增地块连片示意图

注：图中方格代表地片上农户的地块，浅灰色方格表示随机分布的流转地块，深灰色代表新增流转地块。

研究假说四：耕地流转市场的扩大将促进我国农业规模经营的加速发展。

3.5 本章小结

本章将耕地空间位置的固定性引入耕地租金和地块层面规模经济的讨论中，分析耕地流向分散的问题和流转市场与农业规模经营的内在联系，得到的基本结论是：由于存在地块层面的规模经济，面积小和位置分散的地块妨碍了转入者的规模经济效益，难以形成经营者层面的"规模化"经营，或得不到已实现"规模化"的经营者的偏好，从而造成了耕地流向的分散。与此同时，流转市场中相邻地块的合并能够扩大地块面积，有利于连片地块流向规模户，或农户转入以形成规模户，对农业规模经营具有促进作用，但这种效应会受到耕地资源禀赋的约束。然而，以上理论和逻辑分析主要围绕着地块层面的规模经济是否存在？其是否引致了不同规模农户耕地转入偏好的差异？以上关键问题有待进一步的数据验证。同时，以此为基础上推断了流转市场与农业规模经营的内在联系，这一结论是否成立，也需要实证数据的检验。后文将重点从四个方面展开：

第一部分，详细描述与本书分析框架相关的宏观背景，包括我国耕地资源禀赋特征，二元经济结构下耕地流转市场发育情况，以及我国农业规模经营的发展现状，为后文的分析提供充实的背景资料。这部分内容对应本书第4章。

第二部分，探讨农户转入位置或面积不同地块的规模经济效益的差别，并通过4个省份农户和地块层面的抽样调查数据，利用投入产出模型和生产成本模型的实证分析，分别考察转入地块的面积与位置对农业生产投入产出和单位产品成本的影响，以检验流转市场中不同空间特征的地块的价值差异。这部分内容对应本书第5章。

第三部分，考察不同规模农户转入耕地的空间特征偏好的异质性，并通过4个省份农户调查数据，利用双变量 Probit 模型实证检验规模户与普通户转入地块空间特征的系统性差异，并进一步探讨其对于流转市场耕地资源配置的含义。这部分内容对应本书第 6 章。

　　第四部分，探讨耕地流转市场和资源禀赋对农业规模经营的影响。具体分析户均耕地数量和细碎化程度引致的流转市场耕地资源的禀赋差异，对流转耕地连片经营概率的影响，进而推断其对农业规模经营的影响。在此基础上，运用耕地资源禀赋差异明显的 4 个省份 128 个村的两期数据进行实证检验，并进一步分析耕地流转市场发育与农业规模经营发展的动态关系，以判断在当前流转市场不断扩大的背景下，我国农业规模经营的发展趋势。这部分内容对应本书第 7 ~ 8 章。

第 4 章

中国耕地流转市场与农业规模
经营发展现状

本书主要是在分析地块的空间特征如何影响流转市场耕地流向的基础上，探讨耕地流转市场与农业规模经营发展的内在联系，进而判断我国农业规模经营的发展趋势。为此，本章将详细描述与分析内容相关的宏观背景，包括我国耕地资源禀赋特征，二元经济结构下耕地流转市场发育情况，以及我国农业规模经营的发展现状，为后文的分析提供相关的背景知识。

4.1 我国耕地资源禀赋特征

虽然我国有着"用世界 7% 的耕地养活 21% 的人口"的农业奇迹，但掩盖不了我国人均耕地资源不足的事实。如表 4 – 1 中 2015 年世界耕地数量排名前十位的国家数据显示，尽管我国耕地①资源总量丰富，达到 11900 万公顷，位列世界第四。然而，在庞大的人口基数下，人均面积仅有 0.087 公顷（约 1.3 亩），为世界人均耕地面积的 44%，仅相当于澳大利亚的 4.5%，加拿大的 7.1%，紧张的人地比例关系造就了我国农业的"小农生产"模式。

表 4-1   2015 年世界耕地数量排名前十位的国家

国家	总耕地		人均耕地	
	面积①（万公顷）	排名	面积②（公顷）	排名
印度	15646	1	0.120	147
美国	15226	2	0.474	20
俄罗斯	12312	3	0.854	5
中国	11900	4	0.087	176
巴西	8002	5	0.389	27
澳大利亚	4613	6	1.934	1
加拿大	4361	7	1.217	3
阿根廷	3920	8	0.903	4
尼日利亚	3400	9	0.188	98
乌克兰	3254	10	0.721	9
巴基斯坦	3044	11	0.161	118
哈萨克斯坦	2940	12	1.676	2

资料来源：①联合国粮农组织，https：//data. worldbank. org. cn/indicator/AG. LND. ARBL. HA；②联合国粮农组织，https：//data. worldbank. org. cn/indicator/AG. LND. ARBL. HA. PC。

自 2005 年以来，尽管经济发展过程中的建设占用、灾毁、生态退耕、结构调整等造成耕地流失，但基本与开荒扩地、土地整治、农业结构调整等途

---

① 根据联合国粮农组织定义的耕地包括短期作物用地（双季作物土地仅计算一次）、供割草或放牧的短期草场、供应市场的菜园和自用菜园，以及暂时闲置的土地，因转换耕作方式而休闲的土地不包括在内。

径的平衡，我国全国耕地总面积稳中有增（如表 4 - 2 所示）。据自然资源部数据显示，2005～2016 年期间，我国耕地总面积从 18.31 亿亩增加至 20.24 亿亩，增加了 10.5 个百分点。同期，随着乡村农户数量的变化，户均耕地面积从 4.75 亩/户增加到 5.04 亩/户，增加比例为 6.1%。从长期来看，通过国土资源开发（如开山、填湖、填海等开荒）的方式增加耕地面积，以改变我国户均耕地面积不足的现状是不可能实现的。

表 4 - 2 　　　　　　　 2005～2016 年我国农户承包经营耕地总体情况

年份	耕地总面积①（亿亩）	家庭承包经营耕地面积②（亿亩）	乡村户数③（亿户）	户均面积④（亩/户）
2005	18.31	11.98	2.52	4.75
2006	18.27	12.14	2.53	4.80
2007	18.26	12.15	2.54	4.78
2008	18.26	12.25	2.56	4.79
2009	20.31	12.50	2.60	4.81
2010	20.29	12.72	2.64	4.82
2011	20.29	12.77	2.66	4.80
2012	20.27	13.10	2.68	4.89
2013	20.27	13.27	2.69	4.93
2014	20.26	13.29	2.71	4.90
2015	20.25	13.42	2.71	4.95
2016	20.24	13.65	2.71	5.04

注：④通过②与③计算得到。①中除②之外，还包括农垦、兵团的耕地，及集体的机动地。
资料来源：①中 2005～2008 年全国耕地面积来自《新中国六十年统计资料汇编》，2009～2016 年全国耕地面积来自 2010～2016 年《中国国土资源公报》。2008 年与 2009 年数据由于统计口径不同而存在较大差异。②③中 2005～2010 年来自于农业农村部《全国农村经济情况统计资料》，2011～2016 年数据来自《中国农业统计资料》。

除此之外，我国耕地的细碎化和插花分布被反复提及，1984 年的一份调查数据显示，我国农户经营耕地平均面积为 8.4 亩，分布为 9.7 个地块，块均面积不足 0.86 亩（黄贤金等，2001）；另一份近期调查显示，2010 年我国农户户均经营耕地面积为 8.7 亩，实际经营耕地块数为 5.5 块，平均地块面积为 1.6 亩（展进涛等，2016）。随着时间的推移，细碎化的情况有所改善，但户均耕地不足和细碎化特征限制我国农业发展和生产效率提高的问题依然严峻（Zhang and Huang，1997；Wan and Cheng，2001）。

21 世纪初，有学者提出完善的耕地市场是降低农地细碎化的可行途径（郭铁民、林善浪，2001；黄贤金等，2001），从制度经济学来说产权是市场交易的基础，因而众多学者提出农地确权（迟福林、王景新、唐涛，1999；郑风田，1995；张新光，2003；程令国，2016）。为明确集体耕地承包经营权，解决承包户耕地登记簿不全、面积不准、四至不清等问题，在全国范围内开展了土地承包经营权确权登记颁证。2014 年开始，率先在安徽、山东、四川等 3 个省份开展试点并逐步推向全国。截至 2017 年，全国有 28 个省份 2718 个县（区、市）、3.3 万个乡（镇）、53.9 万个行政村①推进了承包经营权确权登记颁证工作，已经实测承包地面积达到 15.2 亿亩，确权面积达到 11.1 亿亩，占二轮家庭承包耕地面积的 82%。但值得注意的是，农地确权明确了耕地的四至边界，强化了流转市场中耕地产权的细碎化，无疑增加了通过行政调整或农户协商实现耕地整合利用的成本和难度，能否促进耕地流转市场发展和降低农地细碎化值得商榷。

4.2 非农就业与耕地流转市场发育

改革开放以来，我国城镇化发展迅速。如图 4 - 1 中 1980 年以来我国城乡人口变化趋势所示：在过去的 40 年间，我国人口总量以平均 1.06% 的速度快速增长，从 1980 年的 9.87 亿增长到 2017 年的 13.90 亿；同期城镇人口数量从 1980 年的 1.91 亿增长到 2017 年的 8.13 亿，年均增幅达到 4%，占总人口的比例从 19.4% 提高到 58.5%。我国城镇化的快速发展和城镇人口的迅速增长，除了人口增长结构原因外，最重要的因素是城乡二元结构下的人口

---

① http：//www.gov.cn/xinwen/2017 - 11/30/content_5243324.htm.

流动。从农村人口数量看，呈现倒 U 形的变化趋势，在 1995 年达到顶峰的 8.59 亿后进入快速减少阶段，平均年减少幅度达到 1.7%，尤其是 2008 年以后减少幅度进一步达到 2.2%。农村人口持续地、单向地从农村地区和农业部门向城镇、工业部门的流动，是上述变化趋势的重要原因。国家统计局发布的历年《全国农民工监测调查报告》数据显示，从农村地区流向城镇的劳动力数量依然在增加，近十年的年均增幅达到 2%，总量从 2008 年的 2.25 亿人增加到 2017 年的 2.87 亿人，但增长幅度明显放缓，从增长最快的 2010 年的 5.4%，逐步回落至 2015 年的 1.4%。

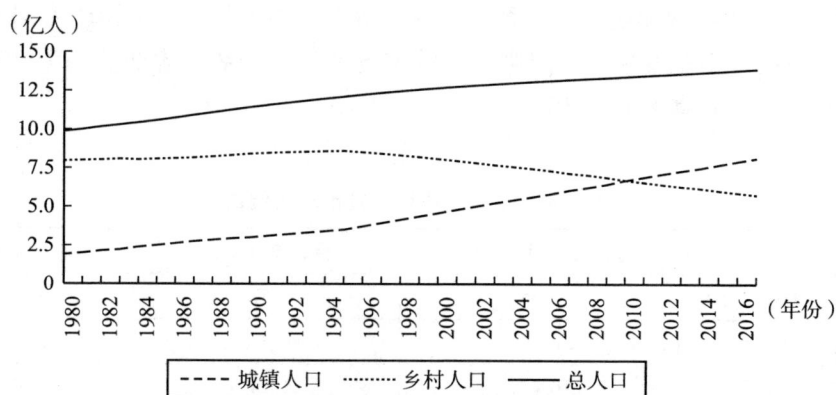

图 4-1 1980 年以来我国城乡人口变化趋势

资料来源：国家统计局《中国统计年鉴》，http：//data. stats. gov. cn/adv. htm？m = advquery&cn。

在劳动力持续由农业部门向非农部门转移的背景下，针对耕地流转的法律法规和农业政策也不断放宽，我国耕地流转市场迅速扩大。1982 年颁布的《中华人民共和国宪法》规定"任何组织或者个人不得侵占、买卖、出租或者以其他形式非法转让土地"，在相当长的一段时间内我国耕地几乎没有流转。1990 年全国流转耕地的农户比例仅为 0.9%，转让的耕地面积占比也仅有 0.44%（匡远配、陆钰凤，2018）。1993 年 11 月，中共十四届三中全会通过了《中共中央关于建立社会主义市场经济体制若干问题的决定》，提出"在坚持土地集体所有的前提下，延长耕地承包期，允许继承开发性生产项目的承包经营权，允许土地使用权依法有偿转让"，直到 1996 年全国范围内耕地流转率不足3%。2002年8月,《中华人民共和国农村土地承包法》规定"通过家庭承包取得的土地承包经营权可以依法采取转包、出租、互换、转让或者其他方式流转",为耕地流转市场的发展提供了法律依据。

伴随着农业劳动力的大量转移,我国耕地流转面积和流转率迅速提高(如表4-3所示)。据《中国农业统计资料》数据显示,2006~2017年耕地流转面积增加了8.3倍,从2006年的0.56亿亩、流转率不足5%增加至2017年的5.12亿亩,流转率达到37.0%。截至2017年底,全国范围内已有31.1%的家庭承包经营户转出耕地,流转总面积超过家庭承包经营耕地面积总量的1/3。从耕地流转面积的变化来看,耕地流转的面积持续增加,2006~2014年呈现加速增长的趋势,年均增幅达到3.2%;自2015年开始增速逐步放缓。不难发现,我国耕地流转市场的发展趋势与农业劳动力转移数量变化方向具有高度的一致性。

表4-3   2005~2017年我国耕地流转市场发展情况

年份	耕地流转总面积（亿亩）	流转率（%）	增速（%）
2005	0.55	4.57	—
2006	0.56	4.57	0
2007	0.64	5.24	0.67
2008	1.09	8.84	3.60
2009	1.52	12.00	3.16
2010	1.87	14.65	2.65
2011	2.28	17.84	3.19
2012	2.78	21.24	3.40
2013	3.41	25.70	4.46
2014	4.03	30.36	4.66
2015	4.49	33.30	2.94
2016	4.71	35.10	1.80
2017	5.12	36.97	1.87

资料来源:耕地流转总面积数据摘自《中国农业统计资料》,其他通过计算得到。

值得注意的是，我国耕地流转市场的发展呈现出明显的地区差异。根据《中国农村土地流转和规模经营的特征与变化趋势》调查数据显示，2013 年我国东部地区、中部地区、西部地区的耕地流转率分别为 26.06%、30.64%和 19.53%，分别较 2011 年提高了 10.44%、7.5%、5.28%，无论是耕地流转比率，还是流转增长速度，都出现较大差异。从各省耕地流转率来看（如表 4 - 4 所示），2011 年全国耕地流转率排前十位的省份依次为上海、北京、江苏、浙江、重庆、黑龙江、广东、湖南、河南、福建，2016 年依次为上海、江苏、北京、浙江、黑龙江、天津、重庆、安徽、湖北、湖南，排名变化并不大。

表 4 - 4   **全国耕地流转率排前十位的省份**   单位：%

排名	2011 年		2014 年		2016 年	
	省份	流转率	省份	流转率	省份	流转率
1	上海	58.20	上海	71.50	上海	74.60
2	北京	46.20	江苏	58.40	江苏	60.20
3	江苏	41.20	北京	52.00	北京	60.00
4	浙江	40.30	黑龙江	50.30	浙江	53.80
5	重庆	38.20	浙江	48.00	黑龙江	50.40
6	黑龙江	30.50	安徽	41.00	天津	45.60
7	广东	25.80	重庆	39.70	重庆	42.40
8	湖南	23.60	河南	37.10	安徽	40.90
9	河南	20.60	—	—	湖北	39.70
10	福建	19.30	—	—	湖南	39.60
全国平均	—	17.84	—	30.36	—	35.10

资料来源：农业农村部农村经济体制与经营管理司网站。其中：2014 年资料来自《农村经营管理情况统计分析报告》（http://jiuban.moa.gov.cn/sjzz/jgs/jggz/201506/t20150629_4722555.htm），仅公布耕地流转率排名前八位省份；2016 年资料来自《2016 年农村家庭承包耕地流转及纠纷调处情况》（http://www.jgs.moa.gov.cn/txjsxxh/201801/t20180105_6134216.htm）报告。

数据显示，经济发达的上海、北京、江苏和浙江等省份的耕地流转比率遥遥领先，例如，上海在2016年耕地的流转率达到74.60%，约为全国平均流转水平35.10%的2倍。2016年全国有5个省份耕地的流转率超过50%，分别为上海、江苏、北京、浙江、黑龙江，相对于2011年耕地的流转率分别增加了16.4%、19.0%、13.8%、13.5%、19.9%，普遍高于全国平均流转率的增幅。同时，农业劳动力输出数量较大的湖北和湖南两省份的耕地的流转率首次进入前十位，其耕地流转率分别为39.70%、39.60%，均略高于全国平均水平。

从流转市场的资源再配置来看，耕地的流向主要有农户、专业合作社、企业和其他主体四类，其中以农户和专业合作社为主。如表4-5中流转市场耕地流向的统计显示，2017年流转入农户的面积约2.94亿亩，占总面积的57.50%，流入合作社的1.16亿亩，占比为22.71%。从变化趋势来看，耕地的流向四类经营主体的面积持续增加的同时结构出现分化，其中流入农户的面积占比不断降低，而流入合作社的比例逐步提高，主要原因是参与合作社的农户数量不断增加。据2018年中国新型农业经营主体发展分析报告的数据显示：截至2017年9月，全国正式工商登记的农民专业合作社的数量达到196.9万家，约为2012年的2.86倍，证实了以上的判断。

表4-5　　　　　　　2010～2017年全国流转耕地的流向情况统计　　　　单位：%

年份	流向占比			
	农户	专业合作社	企业	其他主体
2010	69.35	11.83	8.06	10.75
2011	67.63	13.4	8.37	10.59
2012	64.69	15.85	9.18	10.28
2013	60.29	20.36	9.44	9.91
2014	58.37	21.91	9.62	10.10
2015	58.65	21.79	9.47	10.09
2016	58.46	21.50	9.60	10.44
2017	57.50	22.71	9.83	9.96

资料来源：根据历年《中国农业统计资料》中耕地流转去向的面积计算得到。

4.3 我国农业规模经营发展现状

1984 年中央一号文件首次提出鼓励耕地向种田能手集中，允许农户流转土地扩大经营面积，之后农业政策文件中陆续出现"专业户（重点户）""新的经营规模""适当的经营规模"等多种表述，直到 1988 年在《关于夺取明年农业丰收的决定》中才首次明确提出规模经营的概念，断断续续出台了允许和引导农业规模经营的政策文件，我国农业规模经营发展十分缓慢。

进入 21 世纪后，随着城镇化的发展和农村劳动力的加速转移，农村劳动力和耕地的比例关系开始松动，政府陆续出台了一系列政策文件以鼓励和支持农户开展规模经营（如表 4 - 6 所示）。尤其近年来，国家对农业规模经营的政策支持力度日益加大。2013 年中央一号文件明确提出"鼓励和支持承包土地向专业大户、家庭农场、农民合作社流转，发展多种形式的适度规模经营"。之后，密集颁布多项政策采用不同形式、集合各类资源、从不同角度给予政策红利，例如，在 2014 年开展规模经营主体营销贷款、在 2015 年构建支持服务组织和体系、2016 年加强建设气象为农服务体系等，以激励发展多种形式的农业规模经营。在 2016 年之后，中央财政从农资综合补贴中调整20% 资金，加上支持种粮大户试点资金和农业"三项补贴"增量资金，统筹用于支持粮食适度规模经营，重点向种粮大户、家庭农场、农民合作社、农业社会化服务组织等新型经营主体倾斜。从地方执行来看，也制定了不同内容、不同标准的财政补贴，例如，江苏针对流转面积达到 1000 亩且流转期限在 3 年以上的流转项目给予 100 元/亩政策资金奖励，浙江义乌市对新增连片规模流转土地在 50 亩以上且流转期限在 5 年以上的流转给予 260 元/亩的一次性资金补助，重庆开州区对流转合同期限在 5 年以上，流转经营耕地面积在 50 ~ 200 亩规模户按 20 元/亩的标准予以奖励，除此之外，地方农业政策还提供了农机、管理、资金、技术等方面的支持。

表 4 - 6   2013 年以来国家农业政策支持规模经营的内容

年份	政策内容
2013①	鼓励和支持承包土地向专业大户、家庭农场、农民合作社流转
2014②	有条件的地方，可对流转土地给予奖补；开展粮食生产规模经营主体营销贷款试点
2015③	提高农民组织化程度，鼓励发展规模适度的农户家庭农场
	完善对粮食生产规模经营主体的支持服务体系
2016④	1. 培育家庭农场、专业大户、农民合作社、农业产业化龙头企业等新型农业经营主体
	2. 完善财税、信贷保险、用地用电、项目支持等政策，加快形成培育新型农业经营主体的政策体系，进一步发挥财政资金引导作用，撬动规模化经营主体增加生产性投入
	3. 适应新型农业经营主体和服务主体发展需要，允许将集中连片整治后新增加的部分耕地，按规定用于完善农田配套设施
	4. 支持多新型农业服务主体开展代耕代种、联耕联种、土地托管等专业化规模化服务
	5. 探索开展粮食生产规模经营主体营销贷款改革试点
2017⑤	1. 培育新型农业经营主体和服务主体。完善家庭农场认定办法，扶持规模适度的家庭农场。加强农民合作社规范化建设，积极发展生产、供销、信用"三位一体"综合合作
	2. 总结推广农业生产全程社会化服务试点经验，扶持培育农机作业、农田灌排、统防统治、烘干仓储等经营性服务组织
	3. 支持供销、邮政、农机等系统发挥为农服务综合平台作用，促进传统农资流通网点向现代农资综合服务商转型
	4. 研究建立农业适度规模经营评价指标体系，引导规模经营健康发展
2018⑥	实施新型农业经营主体培育工程，培育发展家庭农场、合作社、龙头企业、社会化服务组织和农业产业化联合体

资料来源：历年中央一号文件的整理。①2012 年 12 月 31 日，中共中央、国务院印发《关于加快发展现代农业进一步增强农村发展活力的若干意见》，http：//www. gov. cn/jrzg/2013 - 01/31/content_2324293. htm。②2014 年 1 月 19 日，中共中央、国务院印发《关于全面深化农村改革加快推进农业现代化的若干意见》，http：//www. gov. cn/zhengce/2014 - 01/19/content_2640103. htm。③2015 年 2 月 1 日，中共中央、国务院印发《关于加大改革创新力度加快农业现代化建设的若干意见》，http：//www. gov. cn/zhengce/2015 - 02/01/content_2813034. htm；2015 年农业部印发《发展多种形式的适度规模经营 推动农业发展方式转变》，http：//jiuban. moa. gov. cn/zwllm/zwdt/201508/t20150814_4790898. htm。④2015 年 12 月 31 日，中共中央、国务院印发《关于落实发展新理念加快农业现代化实现全面小康目标的若干意见》，http：//www. gov. cn/zhengce/2016 - 01/27/content_5036698. htm。⑤2016 年 12 月 31 日，中共中央、国务院印发《关于深入推进农业供给侧结构性改革 加快培育农业农村发展新动能的若干意见》，http：//www. gov. cn/zhengce/2017 - 02/05/content_5165626. htm。⑥2018 年 1 月 2 日，中共中央、国务院印发《关于实施乡村振兴战略的意见》，http：//www. gov. cn/zhengce/2018 - 02/04/content_5263807. htm。

　　随着耕地流转市场的发展和政策的不断引导，我国农业规模经营发展水平逐步提高，农业规模户数量和经营面积稳步增长。如表 4－7 所示，经营耕地面积达到 100 亩的农户数量从 2006 年的 41.52 万户增长到 2015 年的 114.1 万户，增长比例达到 274.8%。然而，我国农业生产经营以小规模农户为主的现状并未改变，从 2015 年数据看：经营面积在 10 亩以下的农户有 22766.4 万户，占经营农户总量的 85.74%；10～30 亩的农户有 2740.2 万户，占经营农户总量的 10.32%；30～50 亩的农户有 690.3 万，占经营农户总量的 2.6%；50 亩以上的农户有 355.73 万，仅占经营农户总量的 1.34%，50 亩以下的农户比例达到 98.66%。对比历年各组农户数量和占比的变化，发现尽管农户总量变化不大，但结构上呈现细微的分化，小规模的农户（10 亩以下）数量和占比不减反增，而中等规模的农户（10～30 亩）占比呈降低趋势，规模经营户（100 亩以上）农户数量和占比增加，主要原因可能是农业劳动力的转移以青壮年为主，留守老人力所能及的种植"一亩三分地"保障自给，耕地流转的不完全的结果是小规模农户数量不断增加；而中等规模农户的经营难以达到平均收入水平，面临的选择是转出耕地外出务工，或者扩大经营规模，进而导致以上逐步分化的结果。总的来看，小农户仍是我国农业最主要的经营主体，农业规模经营户数量占比不高。

表 4－7　　　　　　　　　　　农户经营耕地规模情况统计

类别	项目	2006 年	2010 年	2011 年	2012 年	2013 年	2014 年	2015 年
10 亩以下	数量（万户）	15637.5	22390.6	22659.3	22531.2	22666.4	22816.0	22766.4
	占比（%）	84.92	85.79	85.94	86.11	85.96	85.93	85.74
10～30 亩	数量（万户）	2305.84	2824.9	2819.3	2742.0	2711.0	2702.9	2740.2
	占比（%）	12.52	10.83	10.69	10.48	10.28	10.18	10.32
30～50 亩	数量（万户）	288.51	609.0	611.4	603.6	673.6	690.34	690.3
	占比（%）	1.57	2.33	2.32	2.31	2.55	2.60	2.60
50～100 亩	数量（万户）	140.7	201.1	197.1	204.9	225.8	235.4	241.6
	占比（%）	0.76	0.77	0.75	0.78	0.86	0.89	0.91

续表

类别	项目	2006 年	2010 年	2011 年	2012 年	2013 年	2014 年	2015 年
100~200 亩	数量（万户）	—	48.8	53.2	56.9	62.9	75.0	79.6
	占比（%）	41.52	0.19	0.20	0.22	0.24	0.28	0.30
200 亩以上	数量（万户）	—	23.3	25.7	25.7	28.9	31.0	34.5
	占比（%）	0.23	0.09	0.10	0.10	0.11	0.12	0.13

注：2006 年《中国第二次全国农业普查资料汇编》中只有 100 亩以上农户数量与占比，并未划分 100~200 亩、200 亩以上两组。其中 100 亩以上的农户数量为 41.52 万户，占比 0.23%。

资料来源：2006 年数据来自《中国第二次全国农业普查资料汇编》，其他年份数据摘自国研专稿《中国农村土地流转和规模经营的特征与变化趋势》。

另外，据农业部 2016 年针对全国家庭农场的调查数据显示，家庭农场规模经营发展水平较高，调查样本的 44.5 万户家庭农场经营耕地总面积达到 5675.0 万亩，以种植业和种养结合类农场的平均经营面积达到 175 亩。以粮食种植为主的家庭农场达到 17.8 万户，占比为 40%，其中：经营面积在 50~200 亩、200~500 亩、500~1000 亩、1000 亩以上的家庭农场比例分别为 63.2%、27.5%、6.8%、2.5%；经营的耕地中，有 70.8% 的耕地来源于流转市场，充分表明耕地流转市场的发展是农业规模经营的必要条件。

4.4　本章小结

本章首先通过统计年鉴中我国人口和耕地资源数据，以及相关研究中我国耕地资源细碎化特征的调查数据，描述了我国耕地资源的禀赋现状。然后，分析我国城镇化过程中，农村劳动力转移与耕地流转市场联动发展的情况；再度利用中国农业统计资料数据及耕地流转市场分析报告中耕地流转数据，刻画耕地流转市场发展的地区差异、资源流向及变化趋势。最后，本章梳理了近年来鼓励和支持农业规模经营发展的相关政策，并进一步利用第二次农业普查、农村耕地流转和规模经营调查等资料数据，描述我国农户经营耕地规模情况及变动趋势，以及我国农业规模经营的发展现状。本章主要采用描述性统计分析，得到以下几点结论和对未来趋势的判断：

（1）农村人口持续、单向地从农业部门向城镇流动的趋势逐步放缓。随着城市生活成本的快速上涨，对于乡村人口的吸引力明显减弱；"初代"农民工的老龄化、回乡养老的逆向流动也初见端倪。同时，在乡村振兴的政策红利下，乡村就业机会明显增加，多重因素共同导致了农村人口单向流动趋势的减缓。由于劳动力市场与耕地流转市场具有联动性（胡新艳，2017），农业劳动力转移速度的放缓和逆向移动，一方面可能导致耕地转出的减速，另一方面人口的"回流"可能收回已转出的耕地（石智雷、薛文玲，2015；任远、施闻，2017），造成耕地流转市场的数量的减少，其发展趋势及影响值得关注。

（2）流转市场中转出耕地的农户数量和耕地数量增加速度明显放缓，且呈现明显的地区差异。随着城乡就业收入差距的减小，兼业农户数量显著增加，新增部分或完全转出耕地的农户数量减少，耕地流转市场发展明显放缓。同时，由于各地区经济发展水平、耕地资源禀赋、农业生产条件等方面的差异，导致耕地流转市场的发育程度和发展速度呈现较大差异，其对农业规模经营的发展存在什么影响？或许是地方农业政策扶持规模经营需要考虑的重要因素。

（3）我国农业规模经营的现状是相当数量的小规模农户、一定数量的中规模农户和少量的大规模农户并存，且这种状态将长期持续。耕地流转市场迅速发展在一定程度上缓解了经营规模小的问题，但整体来看发展较缓慢，农户平均经营规模小的基本面尚未改变。耕地经营权仍集中在小农之间的转移，耕地细碎化和农业经营分散化的格局固化，农地流转更多的是"小农复制"，远未达到耕地集中经营的状态。同时，农业规模户的形成依赖耕地流转市场，流转市场耕地资源的配置方向决定了农业规模经营的发展，如何干预和引导流转市场中的耕地流向，对于在有限的空间内，发展农业规模经营和提升农业生产效率具有重要意义。

第 5 章

转入地块的空间特征对地块层面
规模经济的影响

本章将耕地空间位置的固定性引入规模经济的分析框架，探讨农户转入面积或位置不同地块的规模经济效益的差别，并通过黑龙江、河南、浙江和四川4个省份农户和地块层面的抽样调查数据，利用投入产出模型和生产成本模型的实证分析，分别考察了转入地块的面积与位置对地块层面生产投入产出和单位产品成本的影响，以检验流转市场中不同面积和位置的地块的价值差异。

5.1 计量经济模型设定及变量选择

5.1.1 计量经济模型

根据前文分析，转入地块的空间特征对地块

层面规模经济的影响可以归纳为两个方面：第一，地块的空间特征影响生产中的技术采用和技术效率，因而影响技术上的规模经济，即投入产出的规模报酬；第二，地块的空间特征影响要素的投入数量或价格，以及交易成本的分摊，因而影响经济上的规模经济，即单位产品的成本。因此，本书将分别构建投入产出模型和生产成本模型检验地块的面积与位置对以上两个方面的影响。

5.1.1.1 地块面积、位置与产出：投入产出模型

本书参考许庆（2011）分析中国粮食生产规模报酬的投入产出模型，设定测度地块层面的规模报酬的计量模型如下：

$$\ln Q_{ij} = \alpha_0 + \alpha_1 T_{ij} + \sum \beta_m \ln X_{mij} + \frac{1}{2} \sum \sum \gamma_{mn} \ln X_{mij} \ln X_{nij} + \sigma_i + \xi_{ij}$$

$$(5-1)$$

式（5-1）中，Q_{ij} 表示农户 i 转入地块 j 的产量；T_{ij} 为转入地块位置的虚拟变量，在调查中询问"地块转入时是否与之前经营的地块相连"，$T_{ij}=1$ 表示相连，$T_{ij}=0$ 表示不相连；X_{mij} 表示农户 i 在地块 j 的要素 m 的投入数量，m、n 取值为 1、2、3，分别指投入的耕地、劳动和资本。σ_i 表示农户层面的控制变量，一方面，用农户的特征变量，控制农户的生产方式、技术选择等条件对产出的影响，另一方面，用农户所在区域的虚拟变量，控制区域之间由于生产方式、自然环境等条件对产出的影响。ξ_{ij} 为随机扰动项。

本部分重点关注地块面积与位置对地块规模报酬的影响。根据 Translog 生产函数系数的含义：$\alpha_0 + \alpha_1 T$ 表示生产的技术效率，其中：非相连地块的技术效率为 α_0，相连地块的技术效率为 $\alpha_0 + \alpha_1$，那么地块位置相连带来的变化为 α_1；若 $\alpha_1 > 0$ 表示控制其他条件不变时，相连地块的技术效率高于非相连地块。为进一步考察地块面积的影响，本书对种植相同作物的地块，在区域内按照地块面积的大小排序分组，然后按照以上模型进行分组估计，通过比较地块位置组间系数大小和显著性的变化，以分析和比较地块位置对不同面积地块影响的差异。

5.1.1.2 地块面积、位置与成本：生产成本模型

本书研究所用的生产成本模型如下：

$$\ln PC_{ij} = \alpha + \beta T_{ij} + \gamma \ln Land_{ij} + \omega X_{ij} + \sigma_i + \xi_{ij} \qquad (5-2)$$

式（5-2）中，PC_{ij}分别表示农户i在转入地块j上种植的某作物的单位产品平均成本、单位产品机械成本、单位产品劳动投入量以及剔除租金的单位产品成本。T_{ij}为转入地块位置的虚拟变量，$T_{ij}=1$表示相连，$T_{ij}=0$表示不相连；$Land_{ij}$表示农户i转入地块j的面积，X_{ij}为农户i地块j的特征变量，主要包括土壤肥力、地块坡度。σ_i为农户层面的控制变量，一方面，用农户特征变量，控制农户层面的要素禀赋、技术等条件对生产投入的影响；另一方面，用农户所在区域的虚拟变量，控制区域之间由于要素价格、生产技术可获取性、生产方式等条件对成本的影响。ξ_{ij}为随机扰动项。

本部分关注的关键变量包括地块面积$Land_{ij}$和地块位置T_{ij}。系数β表示在控制其他变量不变的条件下，转入位置相连的地块与非相连地块在单位产品成本上的差值；若$\beta < 0$则表明转入位置相连的地块带来的规模经济比非相连的地块的高。系数γ表示转入地块面积变动1%带来单位成本的变动比例。

5.1.2 变量选择

本章数据来自南京农业大学"粮食规模化生产情况"课题组2015年在黑龙江、河南、浙江、四川4个省份开展的农户调查。调查采用多阶段抽样法，根据地域分布、经济水平、农业发展的综合情况选择了4个样本省份，每个样本省份内随机选择4个样本市（县）、每个样本市（县）内随机选择2个样本镇（乡）、每个镇（乡）内随机选择2个村抽取32个农户①，总体样本涵盖4个省份16个市（县）32个镇（乡）1040个农户。调查的主要内容包括两个层面：第一，农户层面。涵盖家庭人员基本信息、耕地经营情况、

---

① 由于现实中规模户数量占比很小，完全随机抽样会导致样本中规模户数量不足，影响规模户与普通户的比较分析结果的可靠性。因而，农户抽样时在镇（乡）内按户均耕地面积3倍以内、3~10倍、10~20倍、20倍以上的分别抽取20户、6户、4户、2户。

农业生产情况等。第二，地块层面。从被调查农户种植的地块中随机选择 1 个自有地块和 1 个转入地块，分别询问了地块的特征、流转信息、种植作物、生产投入和产出情况等。调查最终采集到 1040 个农户种植的 1711 个地块，包含 986 个自有地块和 725 个转入地块。样本农户和地块的区域分布情况如表 5-1 所示。

表 5-1   **样本农户与地块的地区分布**

省份	农户			总地块样本			转入地块样本		
	数量（户）	占比（%）	面积（亩）	数量（户）	占比（%）	面积（亩）	数量（户）	占比（%）	面积（亩）
黑龙江	258	24.8	196.3	455	26.6	37.0	206	28.4	61.2
河南	260	25.0	57.1	372	21.7	12.7	150	20.7	28.0
浙江	256	24.6	48.2	399	23.3	16.8	144	19.9	37.9
四川	266	25.6	40.9	485	28.3	3.3	225	31.0	5.5
合计	1040	100	85.3	1711	100	17.5	725	100	32.4

注：①农户抽样时，原则上按照每个样本镇（乡）32 个农户抽样，但在实际调查中，为了防止部分农户信息缺失影响到样本容量，部分乡镇随机多选取了 16 个样本，因而各省份农户样本数量略有差异；②地块抽样时，从被调查农户种植的地块中随机选择 1 个自有地块和 1 个转入地块，由于部分农户自有地块全部转出或无转入地块时，仅抽取转入地块或自有地块。
资料来源：根据 2015 年农户调查数据统计整理。

在地块调查中，收集的地块特征信息包括地块面积、离家距离、土壤质量、土壤类型、地块坡度、是否能灌溉、是否与原经营地块相连。收集的地块投入产出数据包括地块总产量、种子（或种苗）、化肥、农药、分环节的机械投入（含自有机械和购买外包服务）以及劳动投入（含自用工、免费帮工、换工和雇工）时长。地块资本总投入指生产过程中所有投入的现金支出及投入折价，包括耕地租金、种子（苗）费、农药费、化肥费、购买机械服务费、雇工费。物质要素投入指生产过程中投入种子（苗）、农药、化肥等物质要素的投入费用。另外，不同环节的自有机械投入按县机械外包服务的平均价格折价，自有劳动投入按《全国农产品成本收益资料汇编（2015）》中 2014 年各省份劳动日工价折价。

表 5 - 2 列出了本章投入产出模型和生产成本模型中所需所有变量及描述性统计分析结果。

表 5 - 2 变量定义及描述性统计

	变量名称	变量说明与赋值	均值	标准差
因变量	地块产出	地块上作物的总产量，单位：公斤	17820	62689
	单位产品成本	每公斤粮食生产的成本，单位：元/公斤	1.96	0.87
	单位产品机械投入	每公斤粮食生产的机械投入，单位：元/公斤	0.33	0.21
	单位产品劳动投入	每公斤粮食生产的劳动投入，单位：小时/公斤	0.11	0.12
	租金率	"2014 年的租金是多少"，单位：元/亩·年	469.1	272.1
主要自变量	农户经营面积	"2014 年您家种多少亩地?"，单位：亩	116.4	477.9
	家庭农业劳动力数量	"家里有几人干农活?"，单位：人	1.89	0.98
	户主受教育程度	"（户主）共上了几年学?"，单位：年	6.85	3.12
	户主务农年限	"（户主）共种了几年地?"，单位：年	30.53	13.63
	地块位置	"转入时是否与已经营的地块相连?"，是 = 1；否 = 0	0.29	0.46
	地块面积	"这块地面积有多大?"，单位：亩	32.4	103.8
	地块资本总投入	地块上资本投入总量，单位：元	35336	117725
	地块机械总投入	地块上机械投入的总量，单位：元	4895	16669
	地块劳动总投入	地块劳动投入总时长，单位：小时	1022	5179
	作物种类	"2014 年秋季种植的作物"，玉米 = 1；水稻 = 0	0.52	0.50
	亩均物质要素投入	单位面积上物质要素的投入量，单位：元/亩	247.2	58.8

续表

变量名称		变量说明与赋值	均值	标准差
主要自变量	土壤质量	"2014 年这块地的土壤质量如何?",以"好"为参照	—	—
	土壤质量（中）	是 =1；否 =0	0.47	0.50
	土壤质量（差）	是 =1；否 =0	0.11	0.32
	地块坡度	"2014 年这块地的坡度",以"平地"为参照	—	—
	地块坡度（坡地）	是 =1；否 =0	0.16	0.36
	地块坡度（洼地）	是 =1；否 =0	0.04	0.19
	地块坡度（其他）	是 =1；否 =0	0.01	0.12

注：①表中仅列出来样本农户抽查到的全部转入地块的特征、投入、产出等相关信息；②区域虚拟变量（略）。

资料来源：根据 2015 年农户调查数据统计整理。

5.1.3 变量描述性统计分析

5.1.3.1 转入地块的空间特征与生产要素投入的统计

根据农户转入地块的空间特征，分作物统计了不同面积和位置的地块上生产单位产品的资本、机械和劳动投入量，如表 5-3 所示。根据面积和地块位置的分组的数据对比显示，水稻和玉米的生产中，地块的面积与位置对单位产品的资本投入、机械投入和劳动投入的影响存在差异。从单位产品资本投入量来看，均呈现小地块组高于大地块组，且随着地块面积的扩大，单位产品资本投入量降低的幅度逐渐缩小。同时，地块位置相连对单位产品资本投入的影响表现出两个特点：一是相连地块组的单位产品资本投入量均低于非相连地块组，且这种差别随地块面积的扩大而减小；二是转入地块面积扩大对相连地块的单位产品资本投入量的影响较小，但对位置不相连地块的单位产品资本投入量的影响较明显。

表5-3　　　　转入地块的空间特征与产品生产要素投入成本的统计

作物	面积分组（亩）	位置不相连			位置相连		
		资本投入（元/公斤）	机械投入（元/公斤）	劳动投入量（小时/公斤）	资本投入（元/公斤）	机械投入（元/公斤）	劳动投入量（小时/公斤）
水稻	(0，5]	2.14	0.49	0.18	1.93	0.39	0.17
	(5，20]	2.02	0.45	0.11	1.99	0.42	0.08
	(20，40]	2.03	0.48	0.08	1.98	0.36	0.08
	(40，∞]	2.02	0.41	0.07	1.97	0.36	0.06
玉米	(0，5]	2.19	0.20	0.19	1.98	0.20	0.15
	(5，20]	1.91	0.23	0.06	1.93	0.21	0.09
	(20，40]	1.89	0.24	0.05	1.90	0.21	0.06
	(40，∞]	1.88	0.28	0.05	1.89	0.24	0.04

注：表中仅列出了样本农户抽查到的转入地块投入信息。
资料来源：根据2015年农户调查数据统计整理。

　　从单位产品机械的投入来看，地块面积与位置对水稻和玉米的单位产品机械投入的影响存在差异。对于水稻，转入地块面积的扩大对单位产品的机械投入有负向影响，且影响程度会由于地块位置的不同呈现一定差异，当转入地块位置不相连时，地块面积的扩大会带来水稻单位产品的机械投入的明显降低，而对相连地块的单位产机械投入的影响并不明显。与水稻不同，转入地块面积的扩大对玉米单位产品的机械投入有正向影响，即地块面积的扩大会带来玉米的单位产品机械投入增加；同时，地块位置对玉米的单位产品机械成本的影响具有两个特点：一是位置相连的地块组的单位产品机械投入低于非相连地块组，且这种差别随地块面积的扩大而减小；二是转入地块面积扩大对相连地块的单位产品机械投入的影响，显著高于其对位置不相连地块的单位产品机械投入的影响。地块的空间特征对水稻和与玉米两种作物单位产品机械投入的影响的差异，可能是由于两种作物的种植生产特性的差异导致的。

　　从单位产品劳动投入量来看，地块面积与位置对玉米和水稻单位产品劳动投入量的影响是一致的。具体来看，无论是水稻还是玉米，地块面积的扩大均明显地降低了单位产品劳动投入量，在位置相连地块上的单位产品劳动投入量均低于在位置不相连的地块上的投入，但这种差异随地块面积的扩大而减小。

5.1.3.2 不同地区转入地块的空间特征与租金率统计

在耕地流转市场中，地块的租金率是耕地价值最直接的体现。耕地租金率不仅会受地块特征的影响，还受到地区经济发展水平、农业生产技术、资源禀赋条件等因素的影响，即不同地区耕地流转市场的租金水平会较大区别。因而，分地区统计了地块的空间特征对耕地租金率的影响如表 5 - 4 所示。

表 5 - 4　　　不同地区转入地块的空间特征与耕地租金率的统计

| 区域 | 转入地块 | | 地块面积分组（亩） | | | | | | | |
| | | | (0, 5] | | (5, 20] | | (20, 40] | | (40, ∞] | |
	数量（块）	租金（元/亩）	数量（块）	租金（元/亩）	数量（块）	租金（元/亩）	数量（块）	租金（元/亩）	数量（块）	租金（元/亩）
黑龙江	206	482.1	3	448	74	497.7	70	519.5	59	419.7
河南	150	446.4	82	323.9	26	410.1	15	619.5	27	757.2
浙江	144	755.6	33	575.9	54	696.6	26	802.5	31	1010.2
四川	225	289.0	187	281.0	32	303.6	3	306	3	612.7
合计	725	469.1	305	326.1	186	509.8	114	591.6	120	653.0

资料来源：根据 2015 年农户调查数据统计整理。

由表 5 - 4 看出：第一，不同地区的整体耕地租金水平存在显著差别。调查到的转入地块样本中，黑龙江的耕地租金率为 482.1 元/亩，河南的耕地租金率为 446.4 元/亩，浙江的耕地租金率为 755.6 元/亩，四川的耕地租金率为 289.0 元/亩，耕地租金率由高到低依次为浙江、黑龙江、河南、四川，其中浙江的耕地租金率为四川的 2.6 倍。第二，无论是总体还是分省样本，耕地租金水平随地块面积的扩大而升高。根据按地块面积分组的租金统计来看，面积不足 5 亩以下、5 亩以上至 20 亩、20 亩以上至 40 亩和 40 亩以上的各组地块的平均租金率分别为 326.1 元/亩、509.8 元/亩、591.6 元/亩、653.0 元/亩，面积 40 亩以上地块的租金率是面积 5 亩以下地块租金率的两倍。从分地区的统计来看，随地块面积的扩大，河南省的地块租金率变化最为明显，面积 40 亩以上地块的租金率是面积 5 亩以下地块租金率的 2.34 倍。第三，在区域范围内耕地租金水平随地块面积扩大而升高的幅度呈递减趋势。尽管表 5 - 4 中的分组并非严格按照地块面积等比例分组，但从各组面积扩大的比例与租金率提高的比例大致分析来看，租金率提高的比例要小于面积增长的比例，即随地块面积的扩大，耕地租金率的增长呈递减趋势。

5.2 转入地块的空间特征对产出
和成本影响的实证分析

5.2.1 转入地块的空间特征对产出的影响分析

表 5 - 5 汇报了转入地块的空间特征对水稻产出影响的模型的拟合结果。其中模型（1）和模型（4）分别为转入地块的空间特征对水稻产出的影响在镇级固定效应和市级固定效应拟合结果，模型（2）和模型（3）、模型（5）和模型（6）分别为在区域范围内按地块面积排序分组回归的拟合结果。各模型总体显著性的 F 检验均在 1% 统计水平上显著。

表 5 - 5　　　　转入地块的空间特征对水稻产出影响的拟合结果

自变量	镇级固定效应 OLS			市级固定效应 OLS		
	模型（1）	模型（2）	模型（3）	模型（4）	模型（5）	模型（6）
地块是否相连	0.073 ** (2.52)	0.089 * (1.71)	0.070 * (1.97)	0.069 ** (2.45)	0.100 ** (2.10)	0.048 (1.38)
地块面积的对数	1.433 (0.74)	2.090 (0.66)	− 3.442 (− 1.30)	0.816 (0.44)	1.651 (0.54)	− 2.967 (− 1.23)

续表

自变量	镇级固定效应 OLS			市级固定效应 OLS		
	模型（1）	模型（2）	模型（3）	模型（4）	模型（5）	模型（6）
地块投入资本的对数	−0.264 （−0.16）	−2.914 （−1.03）	4.727** （2.12）	0.334 （0.21）	−2.731 （−1.00）	4.442** （2.21）
地块投入劳动的对数	−0.533 （−0.84）	−1.358 （−1.00）	0.000 （0.00）	−0.425 （−0.69）	−1.337 （−1.03）	−0.157 （−0.22）
地块面积对数平方	−0.002 （−0.01）	−0.168 （−0.59）	−0.280 （−1.26）	−0.039 （−0.24）	−0.225 （−0.81）	−0.221 （−1.06）
地块投入资本对数的平方	0.012 （0.10）	0.148 （0.71）	−0.306* （−1.95）	−0.030 （−0.26）	0.137 （0.68）	−0.293** （−2.05）
地块投入劳动对数的平方	0.051 （1.47）	0.074 （0.92）	0.039 （1.01）	0.043 （1.25）	0.077 （0.98）	0.048 （1.26）
地块面积的对数×地块投入资本的对数	0.005 （0.02）	0.076 （0.17）	0.608* （1.67）	0.081 （0.31）	0.135 （0.31）	0.560* （1.68）
地块投入资本的对数×地块投入劳动的对数	0.006 （0.07）	0.105 （0.62）	−0.054 （−0.53）	0.000 （0.00）	0.097 （0.61）	−0.034 （−0.34）
地块面积的对数×地块投入劳动的对数	−0.072 （−0.68）	−0.252 （−1.19）	−0.001 （−0.01）	−0.054 （−0.52）	−0.241 （−1.19）	−0.052 （−0.42）
土壤质量（中）	−0.053* （−1.89）	−0.077* （−1.71）	−0.019 （−0.54）	−0.053* （−1.92）	−0.086* （−1.98）	−0.022 （−0.60）
土壤质量（差）	−0.133*** （−2.77）	−0.289*** （−3.50）	−0.021 （−0.35）	−0.128*** （−2.71）	−0.297*** （−3.68）	−0.021 （−0.36）
地块坡度（坡地）	0.036 （0.72）	0.054 （0.72）	−0.024 （−0.36）	0.041 （0.85）	0.065 （0.90）	−0.019 （−0.29）
地块坡度（洼地）	0.025 （0.38）	0.152 （1.08）	−0.043 （−0.62）	−0.007 （−0.11）	0.103 （0.77）	−0.063 （−0.92）

自变量	镇级固定效应 OLS			市级固定效应 OLS		
	模型（1）	模型（2）	模型（3）	模型（4）	模型（5）	模型（6）
地块坡度（其他）	0.042 (0.41)	0.378 (1.38)	-0.051 (-0.51)	0.044 (0.44)	0.346 (1.30)	-0.058 (-0.60)
农户耕地 面积的对数	-0.006 (-0.29)	0.014 (0.39)	-0.008 (-0.35)	0.009 (0.48)	0.020 (0.61)	0.008 (0.36)
家庭农业劳 动力数量	-0.001 (-0.07)	-0.017 (-0.59)	0.014 (0.77)	-0.001 (-0.07)	-0.021 (-0.73)	0.009 (0.52)
户主受教育程度	0.004 (0.82)	0.000 (0.01)	0.010 (1.65)	0.002 (0.45)	-0.002 (-0.24)	0.009 (1.44)
户主务农年限	0.001 (0.70)	-0.001 (-0.51)	0.001 (0.69)	0.000 (0.40)	-0.001 (-0.62)	0.001 (0.96)
常数项	8.500 (1.47)	20.387 * (1.97)	-11.004 (-1.34)	6.204 (1.11)	19.758 ** (2.01)	-9.754 (-1.34)
观测值	347	174	173	347	174	173
R^2	0.959	0.830	0.967	0.966	0.837	0.972
F 值	526.4	50.11	290.6	651.5	55.66	361.1

注：①括号中数字是参数估计的 T 值；②*、**和***分别表示 10%、5% 和 1% 的显著性水平。

模型（1）和模型（4）拟合结果显示，在镇级固定效应模型中，转入地块的位置相连带来水稻产量增加 7.3%；在市级固定效应模型中，转入地块的位置相连带来的水稻产量增加为 6.9%，两者均在 5% 统计水平上显著。这一结果表明，与位置不相连的地块相比，转入地块与原有地块位置相连会带来技术上的规模经济，即相连地块在其他要素投入数量相同时的产量更高。模型（2）和模型（3）、模型（5）和模型（6）的拟合结果对比显示：转入地块与原有地块位置相连具有增产效应，且在小地块组的增产效应高于大地块组。具体而言，在镇级固定效应的 OLS 估计中，种植水稻的小地块组由于地块位置相连带来的增产效应比大地块组高 1.9%；在市级固定效应的 OLS

估计中，水稻在小地块组位置相连带来的增产效应分别比大地块组高 5.2% 。

进一步估计了转入地块的空间特征对玉米产出影响，模型的拟合结果如表 5-6 所示。其中模型（7）和模型（10）分别为地块空间特征对玉米产出的影响在镇级固定效应和市级固定效应拟合结果，模型（8）和模型（9）、模型（11）和模型（12）分别为在区域范围内按地块面积排序分组回归的拟合结果。各模型总体显著性的 F 检验均在 1% 统计水平上显著。

表 5-6　　　　转入地块的空间特征对玉米产出影响的拟合结果

自变量	镇级固定效应 OLS			市级固定效应 OLS		
	模型（7）	模型（8）	模型（9）	模型（10）	模型（11）	模型（12）
地块是否相连	0.051 (1.62)	0.104** (2.01)	0.016 (0.38)	0.064** (2.03)	0.107** (2.11)	0.023 (0.54)
地块面积的对数	-2.818 (-1.53)	-3.360 (-0.99)	-1.304 (-0.53)	-2.271 (-1.27)	-2.064 (-0.66)	-0.748 (-0.32)
地块投入资本的对数	4.697*** (2.76)	5.372* (1.82)	2.984 (1.29)	3.829** (2.36)	3.559 (1.31)	2.663 (1.23)
地块投入劳动的对数	-0.752 (-1.27)	-1.380 (-1.31)	-0.473 (-0.56)	-0.583 (-1.01)	-0.858 (-0.87)	-0.594 (-0.74)
地块面积对数平方	-0.216 (-1.40)	-0.187 (-0.58)	-0.155 (-0.64)	-0.198 (-1.32)	-0.135 (-0.46)	-0.076 (-0.33)
地块投入资本对数的平方	-0.371*** (-2.85)	-0.450* (-1.91)	-0.218 (-1.26)	-0.305** (-2.48)	-0.304 (-1.42)	-0.194 (-1.20)
地块投入劳动对数的平方	-0.019 (-0.50)	-0.017 (-0.28)	-0.047 (-0.82)	-0.030 (-0.79)	-0.050 (-0.83)	-0.041 (-0.77)
地块面积的对数×地块投入资本的对数	0.602** (2.23)	0.689 (1.31)	0.300 (0.83)	0.507* (1.95)	0.455 (0.95)	0.222 (0.64)
地块投入资本的对数×地块投入劳动的对数	0.129 (1.41)	0.207 (1.28)	0.070 (0.52)	0.112 (1.25)	0.167 (1.08)	0.093 (0.73)

续表

自变量	镇级固定效应 OLS			市级固定效应 OLS		
	模型（7）	模型（8）	模型（9）	模型（10）	模型（11）	模型（12）
地块面积的对数×地块投入劳动的对数	−0.116 （−1.07）	−0.138 （−0.71）	0.069 （0.40）	−0.078 （−0.74）	−0.051 （−0.28）	0.015 （0.10）
土壤质量（中）	−0.081*** （−2.70）	−0.091* （−1.76）	−0.060 （−1.43）	−0.094*** （−3.21）	−0.113** （−2.32）	−0.067* （−1.67）
土壤质量（差）	−0.072 （−1.49）	−0.052 （−0.60）	−0.103 （−1.57）	−0.072 （−1.51）	−0.027 （−0.34）	−0.112* （−1.85）
地块坡度（坡地）	−0.123*** （−3.01）	−0.147** （−2.23）	−0.091 （−1.55）	−0.132*** （−3.32）	−0.169*** （−2.79）	−0.088 （−1.54）
地块坡度（洼地）	−0.051 （−0.62）	−0.195 （−1.38）	0.065 （0.61）	−0.067 （−0.84）	−0.171 （−1.27）	0.058 （0.57）
地块坡度（其他）	−0.013 （−0.10）	0.175 （0.52）	−0.008 （−0.04）	0.020 （0.15）	0.189 （0.57）	0.007 （0.04）
农户耕地面积的对数	−0.025 （−0.98）	−0.036 （−0.89）	−0.038 （−1.05）	−0.029 （−1.28）	−0.033 （−0.97）	−0.036 （−1.05）
家庭农业劳动力数量	0.004 （0.32）	0.004 （0.14）	0.013 （0.79）	0.003 （0.22）	0.002 （0.10）	0.008 （0.51）
户主受教育程度	0.018*** （3.19）	0.019** （2.20）	0.016* （1.95）	0.017*** （3.11）	0.018** （2.21）	0.017** （2.10）
户主务农年限	0.001 （1.16）	0.003* （1.95）	−0.001 （−0.38）	0.002 （1.37）	0.004** （2.05）	−0.000 （−0.04）
常数项	−8.866 （−1.52）	−9.613 （−0.97）	−3.386 （−0.42）	−6.087 （−1.08）	−4.543 （−0.49）	−2.466 （−0.32）
观测值	378	189	189	378	189	189
R^2	0.947	0.852	0.927	0.950	0.862	0.928
F 值	433.0	61.77	141.0	475.0	72.49	151.0

注：①括号中数字是参数估计的 T 值；②*、** 和 *** 分别表示 10%、5% 和 1% 的显著性水平。

模型（7）和模型（10）的拟合结果显示：在镇级固定效应模型中，转入地块的位置相连带来玉米产量增加 5.1%；在市级固定效应模型中，转入地块位置相连带来的玉米产量增加 6.4%，并在 5% 统计水平上显著。这一拟合结果同样表明了转入地块与原有地块位置相连会带来技术上的规模经济，在其他要素投入数量相同时，地块上能够获得更高的产量。模型（8）与模型（9）、模型（11）与模型（12）的拟合结果显示：在镇级固定效应的 OLS 估计中，种植玉米的小地块组由于地块位置相连带来的增产效应比大地块组高 8.8%；在市级固定效应的 OLS 估计中，玉米在小地块组位置相连带来的增产效应分别比大地块组高 8.4%。同样表明了转入地块与原有地块位置相连具有增产效应，且在小地块组的增产效应高于大地块组。

以上转入地块的空间特征对两种作物产出影响的实证分析拟合结果均显示：与位置非相连地块相比，在相同的要素投入下，转入地块与原有土地位置相连能够获得更高的产出，表明了转入地块位置相连能够提高地块上生产的技术上的规模经济，即表现为地块上的规模报酬。与此同时，由于地块层面规模经济的边际效应递减，地块位置相连带来的规模报酬随地块面积的扩大而减小，表现为在小地块组的效应高于大地块组，以上水稻和玉米两种作物的分组估计均验证了研究假说一。

5.2.2　转入地块的空间特征对生产成本的影响分析

为检验转入地块的空间特征对生产成本的影响，根据式（5-2）进一步分作物估计转入地块的面积和位置对生产成本的影响。表 5-7 汇报了转入地块的空间特征对水稻生产单位产品成本影响的模型拟合结果，其中模型（13）~ 模型（16）分别为转入地块的空间特征对水稻单位产品总成本、单位产品机械投入、单位产品劳动投入和剔除租金的单位产品成本影响的 OLS 稳健性估计结果，所有模型总体显著性的 F 检验均在 1% 统计水平上显著。

表 5 - 7　　　　　　转入地块的空间特征对水稻生产成本影响的拟合结果

变量	模型 (13) 单位产品总成本	模型 (14) 单位产品机械投入	模型 (15) 单位产品劳动投入	模型 (16) 单位产品成本 (剔除租金)
地块是否相连	-0.021 (-0.54)	-0.188 *** (-2.97)	-0.159 ** (-2.26)	-0.093 ** (-2.50)
地块面积的对数值	0.002 (0.07)	-0.062 * (-1.95)	-0.195 *** (-4.06)	-0.016 (-0.45)
地块面积对数平方	-0.003 (-0.49)	—	—	—
土壤质量 (中)	0.058 (1.50)	-0.001 (-0.01)	0.137 * (1.94)	0.030 (0.80)
土壤质量 (差)	0.174 ** (2.29)	0.085 (0.76)	0.231 * (1.74)	0.115 (1.35)
地块坡度 (坡地)	0.002 (0.03)	-0.191 (-1.50)	0.146 (1.07)	0.014 (0.19)
地块坡度 (洼地)	-0.062 (-0.81)	-0.040 (-0.41)	0.224 (1.05)	0.016 (0.17)
地块坡度 (其他)	-0.047 (-0.47)	-0.097 (-0.65)	0.062 (0.40)	-0.011 (-0.08)
农户耕地面积的对数	0.039 (1.62)	0.026 (0.66)	-0.069 (-1.48)	0.043 * (1.85)
家庭农业劳动力数量	-0.009 (-0.34)	-0.021 (-0.62)	-0.018 (-0.51)	-0.007 (-0.33)
户主受教育程度	-0.006 (-0.94)	-0.003 (-0.26)	-0.000 (-0.03)	-0.005 (-0.72)
户主务农年限	-0.003 (-1.57)	-0.004 (-1.41)	-0.001 (-0.19)	-0.002 (-1.24)
亩均物质要素投入	0.001 *** (2.78)	0.000 (0.66)	0.001 (1.07)	0.002 *** (4.59)

续表

变量	模型（13） 单位产品 总成本	模型（14） 单位产品 机械投入	模型（15） 单位产品 劳动投入	模型（16） 单位产品成本 （剔除租金）
地区虚拟变量	已控制	已控制	已控制	已控制
截距项	0.380 *** (2.69)	− 0.588 *** (− 2.69)	− 2.010 *** (− 8.29)	− 0.431 *** (− 3.14)
观察值	347	347	347	347
R^2	0.209	0.151	0.358	0.191
F 值	6.093	4.066	11.90	4.307

注：①括号中数字是稳健估计的 T 值；② * 、** 和 *** 分别表示 10%、5% 和 1% 的显著性水平。

　　如表 5 - 7 所示，模型（13）~模型（16）中变量"地块是否相连"的估计系数均为负，表明与非相连地块相比，转入地块与原有地块位置相连能够降低地块上水稻的单位产品总成本、单位产品机械投入、单位产品劳动投入数量以及剔除租金的单位产品成本。具体而言，地块位置对水稻生产的单位产品总成本的影响并不显著，可能的原因是地块位置对不同类型成本的影响方向不一致，导致了对总成本影响的不确定性。从分类成本看，地块位置相连对水稻的单位产品机械投入、单一产品劳动投入量和剔除租金的单一产品成本降低具有显著影响，位置相连带来以上三项成本的降低量分别为 18.8%、15.9% 和 9.3%，且均在 5% 及以上的统计水平上显著。

　　变量"地块面积"对水稻的不同类型成本的影响存在差异。具体来看，转入地块的面积对水稻的单位产品成本影响的估计系数，一次项符号为正、二次项符号为负，表明了水稻的单位产品成本均与地块面积之间呈倒 U 形关系，可能的原因是要素替代具有一定的面积门槛，地块面积低于该门槛时限制了要素替代或机械使用，导致单位产品成本随地块面积的扩大而上升；而当地块面积超过该门槛时会促进要素的替代或机械效率的提高，带来单位产品成本随地块面积扩大而降低。在对单位产品机械投入、单位产品劳动投入数量以及剔除租金的单位产品成本的影响模型中的系数均为负，表明地块面积扩大对以上三类成本的影响为负，地块面积扩大一倍，分别可以降低6.2%的单位产品机械投入、19.5%的单位产品劳动投入和1.6%的剔除租金的单位产品成本，其中：地块面积对单位产品机械投入的影响在5%的统计水平上显著，对单位产品劳动投入数量的影响在1%的统计水平上显著，而对剔除租金的单位产品成本的影响不显著。

与此同时，表5-8汇报了地块的空间特征对玉米生产的单位产品成本影响的模型拟合结果。其中模型（17）~模型（20）分别为地块的空间特征对玉米单位产品总成本、单位产品机械投入、单位产品劳动投入和剔除租金的单位产品成本影响的OLS稳健性估计结果，所有模型总体显著性的F检验均在1%统计水平上显著。模型（17）~模型（20）中变量"地块是否相连"的估计系数均为负，表明与非相连地块相比，转入地块与原有地块位置相连能够降低地块上玉米的单位产品总成本、单位产品机械投入、单位产品劳动投入数量以及剔除租金的单位产品成本。具体而言，地块位置对玉米生产的单位产品总成本的影响并不显著，可能的原因是地块位置对不同类型成本的影响方向不一致，导致了对总成本影响的不确定性。从分类成本看，地块位置相连对玉米的单位产品机械投入、劳动投入和剔除租金的成本的影响也不显著。

表5-8　　　　转入地块的空间特征对玉米生产成本影响的拟合结果

变量	模型（17） 单位产品 总成本	模型（18） 单位产品 机械投入	模型（19） 单位产品 劳动投入	模型（20） 单位产品成本 （剔除租金）
地块是否相连	-0.003 (-0.09)	-0.044 (-0.54)	-0.056 (-0.72)	-0.044 (-1.19)
地块面积的对数值	0.055 (1.37)	0.058* (1.95)	-0.152*** (-3.58)	-0.097*** (-2.81)
地块面积对数平方	-0.001 (-0.18)	—	—	—

续表

变量	模型（17）单位产品总成本	模型（18）单位产品机械投入	模型（19）单位产品劳动投入	模型（20）单位产品成本（剔除租金）
土壤质量（中）	0.076 ** (2.05)	0.092 (1.27)	0.067 (0.95)	0.110 *** (3.01)
土壤质量（差）	0.095 (1.63)	0.106 (0.86)	0.300 *** (2.89)	0.164 *** (2.84)
地块坡度（坡地）	0.057 (1.08)	0.148 (1.31)	0.258 *** (2.70)	0.136 *** (2.61)
地块坡度（洼地）	− 0.022 (− 0.30)	0.290 * (1.79)	− 0.233 (− 1.36)	− 0.022 (− 0.44)
地块坡度（其他）	− 0.050 (− 0.41)	0.223 (1.34)	− 0.040 (− 0.17)	− 0.071 (− 0.87)
农户耕地面积的对数	0.030 (1.10)	− 0.031 (− 1.34)	− 0.005 (− 0.10)	− 0.038 (− 0.82)
家庭农业劳动力数量	0.002 (0.10)	0.005 (0.17)	− 0.038 (− 1.24)	− 0.009 (− 0.75)
户主受教育程度	− 0.019 *** (− 3.14)	0.003 (0.17)	− 0.018 (− 1.41)	− 0.013 ** (− 2.13)
户主务农年限	− 0.003 ** (− 2.25)	− 0.007 ** (− 2.52)	− 0.000 (− 0.09)	− 0.002 * (− 1.76)
亩均物质要素投入	0.001 *** (4.50)	0.000 (0.25)	0.001 (1.28)	0.003 *** (9.30)
地区虚拟变量	已控制	已控制	已控制	已控制
截距项	− 0.118 (− 0.90)	− 1.739 *** (− 6.56)	− 2.988 *** (− 11.85)	− 1.283 *** (− 10.07)
观察值	378	378	378	378
R²	0.391	0.133	0.524	0.480
F 值	20.75	2.542	30.09	25.73

注：①括号中数字是稳健估计的 T 值；② * 、** 和 *** 分别表示 10%、5% 和 1% 的显著性水平。

　　变量"地块面积"对玉米的不同类型成本的影响存在差异。具体来看，转入地块的面积对玉米的单位产品成本影响的估计系数，一次项符号为正、二次项符号为负，表明了玉米的单位产品成本均与地块面积之间呈倒 U 形关系，可能的原因是要素替代具有一定的面积门槛，地块面积低于该门槛时限制了要素替代或机械使用，导致单位产品成本随地块面积的扩大而上升；而当地块面积超过该门槛时会促进要素的替代或机械效率的提高，带来单位产品成本随地块面积扩大而降低。在单位产品机械投入的影响模型中的系数为正，表明地块面积扩大将提高玉米生产的单位产品机械投入，地块面积扩大一倍，带来玉米的单位产品机械投入成本提高 5.8%，且在 10% 的统计水平显著；而在单位产品劳动投入数量和剔除租金的单位产品成本的影响模型中的系数均为负，表明地块面积扩大对以上这两类成本的影响为负，地块面积扩大一倍，分别可以降低 15.2% 的单位产品劳动投入量和 9.7% 的剔除租金的单位产品成本，且两者均在 1% 的统计水平上显著。

　　值得注意的是，地块面积对水稻和玉米单位产品机械投入的影响作用不一致，降低了水稻的单位产品机械投入，但提高了玉米的单位产品机械投入，其原因可能在于两种作物的生产特性存在差异。由于水稻种植需要田埂划定面积适中的方块以维持水面的水平，而劳动和机械作业通常是在田埂划出的空间范围内进行，该生产特性限制了地块面积扩大时使用更大型或更高效的机械替代的可能性，地块面积扩大对水稻机械投入的影响主要表现为机械效率损耗、跨地块成本等在更大面积上分摊，以降低单位产品机械投入的成本；而对玉米机械投入的影响，除此之外，还可能有利于采用更高效且高价的机械作业（如由小型机械的浅耕转为大型机械的深耕），或在更多环节使用机械，更大程度的使用机械替代劳动，带来机械投入成本的增加。

　　此外，从转入地块的面积与位置对水稻和玉米两种作物的生产成本影响的模型拟合结果中其他变量来看，地块的土壤质量和地势对两种作物不同类型成本的影响存在一定差异，主要表现为地块地势对水稻和玉米的单位产品的机械作业成本与劳动投入量的影响。具体来看：相对于平地，坡地和洼地等地势条件限制了水稻机械替代劳动的可能性，即在平地条件下水稻生产投入了更多的机械、减少了更多的劳动，因而表现为单位产品的机械投入量更少，而劳动投入量更多；而对于玉米生产，坡地和洼地等地势条件会造成机械和劳动作业效率的损耗，带来单位产品的机械作业成本和劳动投入量的提高。土壤质量对水稻和玉米两种作物的单位产品总成本、单位产品机械成本、单位产品劳动投入数量以及剔除租金的单位产品成本的影响一致，较好的土壤质量有助于降低单位产品的各类型生产成本。

综上所述，转入地块的面积与位置对水稻与玉米的单位产品机械投入、劳动投入及剔除租金的单位产品成本存在显著的影响，具体而言：转入面积大或与原有土地位置相连的地块，有助于生产中机械对劳动力的替代和机械效率的提高，有助于降低地块上剔除租金的单位产品成本。转入地块的面积与位置对单位产品总成本的影响并不显著，可能的原因是流转市场中面积大及与原有土地位置相连的地块的租金较高，这一结论与"地租是土地超额利润的转化形式"的理论判断相符。换而言之，生产环节的规模经济，是流转市场中面积大及与原有土地位置相连的地块的高租金的来源。以上分析表明了，在流转市场中，与零散的地块相比，面积大及与原有土地位置相连的地块具有更高的规模经济，验证了本书的研究假说。

5.3 稳健性分析

不可否认，前文分析农业生产投入产出时采用的机械折价和自用工折价会导致成本计算存在偏差。一方面，由于不同规模农户采用的自用机械类型和生产效率存在差异，统一采用县级机械外包服务平均价格折价，会高估使用更高效自用机械的规模户的机械作业成本，而低估了普通户的机械成本；另一方面由于不同规模农户劳动投入的机会成本存在差异，统一采用各省劳动日工价折价，会高估普通户的劳动投入成本，而低估了规模户的劳动投入成本。同时，由于农业生产的季节性，不同生产环节劳动力的价格存在差异，采用统一标准折算不同季节生产环节的劳动投入成本也会存在一定偏差。以上因素造成生产成本无法准确计算，可能会影响前文分析结果的可靠性。从农户转入地块的生产成本来看，主要包括转入耕地的租金成本和经营耕地的其他要素投入成本，在收益一定时，转入户能够为较低经营成本的地块支付更高的租金，因而在无法准确测度经营成本时，租金或许是一个度量地块经营成本的反向指标（Burt，1986；纪月清等，2017）。

因此，本书进一步检验转入地块的空间特征与租金率的关系，如表5-9所示。模型（21）、模型（22）和模型（23）、模型（24）和模型（25）分别为地块的空间特征对所有地块、种植水稻的地块和种植玉米地块的租金率的影响，各模型总体显著性的F检验均在1%统计水平上显著。地块的面积与位置对租金率影响的拟合结果显示：地块面积与位置相连对地块租金率有显著的正向影响，即耕地流转市场中位置相连的地块和面积大的地块具有更高的价值。

表5-9　　　　转入地块的空间特征对地块租金率影响的拟合结果

变量	不分作物	水稻		玉米	
	模型（21）	模型（22）	模型（23）	模型（24）	模型（25）
地块是否相连	0.103 ** (2.41)	0.127 * (1.85)	0.119 ** (2.03)	0.082 * (1.68)	0.081 * (1.70)
地块面积的对数值	0.107 *** (6.38)	0.133 *** (5.07)	0.079 *** (3.08)	0.073 *** (4.09)	0.080 *** (4.84)
土壤质量（中）	0.034 (0.83)	0.092 (1.37)	0.075 (1.29)	-0.036 (-0.81)	-0.002 (-0.06)
土壤质量（差）	0.027 (0.38)	0.197 * (1.91)	0.112 (1.37)	-0.106 (-1.17)	-0.013 (-0.19)
地块坡度（坡地）	-0.177 *** (-2.84)	-0.081 (-0.67)	0.081 (0.75)	-0.217 *** (-3.27)	-0.098 * (-1.86)
地块坡度（洼地）	-0.153 (-1.11)	-0.289 (-1.39)	-0.193 (-1.22)	-0.002 (-0.02)	-0.035 (-0.38)
地块坡度（其他）	0.031 (0.22)	-0.045 (-0.20)	0.014 (0.07)	0.042 (0.40)	-0.011 (-0.11)

续表

变量	不分作物	水稻		玉米	
	模型 (21)	模型 (22)	模型 (23)	模型 (24)	模型 (25)
作物种类（玉米）	−0.120 ** (−2.21)	—	—	—	—
市级虚拟变量	—	—	已控制	—	已控制
省级虚拟变量	已控制	已控制	—	已控制	—
截距项	5.792 *** (77.41)	5.784 *** (53.97)	5.556 *** (17.89)	5.805 *** (71.92)	5.904 *** (48.36)
观察值	725	347	347	378	378
R^2	0.366	0.230	0.447	0.503	0.606
F 值	64.13	11.53	31.11	76.78	73.45

注：①括号中数字是稳健估计的 T 值；②*、** 和 *** 分别表示 10%、5% 和 1% 的显著性水平。

当不区分地块种植的作物时，农户转入位置相连的地块支付的单位面积租金比非相连的地块高 10.3%，且在 5% 的统计水平上显著；转入地块的面积对租金率有显著的正向影响，地块面积扩大 1 倍，租金将提高 10.7%，且在 1% 的统计水平上显著。当区分地块种植作物时，在省级层面上转入的地块与原有土地位置相连，对种植水稻和玉米的地块的租金率分别有 12.7% 和 8.2% 的正向影响，且均在 10% 的统计水平上显著；转入地块的面积扩大 1 倍，将分别对种植水稻和玉米的地块的租金率有 13.3% 和 7.3% 的正向影响，且均在 1% 的统计水平上显著。控制市级虚拟变量时，转入的地块与原有土地位置相连，对种植水稻和玉米的地块的租金率分别有 11.9% 和 8.1% 的正向影响，且分别在 5% 和 10% 的统计水平上显著；转入地块的面积扩大 1 倍，将分别对种植水稻和玉米的地块的租金率有 7.9% 和 8.0% 的正向影响，且均在 1% 的统计水平上显著。

以上分析表明了，流转市场中地块的面积扩大和位置相连，能够明显的提高流转地块的租金，这一结果与纪月清等（2017）的分析结论高度一致。位置相连和面积大的地块的高租金率，正是来源于生产环节的规模经济，表

5-7和表5-8中剔除租金的单位产品成本与地块的空间特征的关系佐证了这一观点。

5.4 本 章 小 结

本章在前文理论分析的基础上，通过黑龙江、河南、浙江和四川4个省份农户和地块的抽样调查数据，利用投入产出模型和生产成本模型的，实证分析了转入地块的面积与位置对耕地利用的规模经济的影响，并进一步从转入地块租金率的角度进行了验证。研究的主要结论有以下两点：

（1）在流转市场中，转入面积大或与原有土地位置相连的地块均可以提高技术上的生产效率，降低扣除地租之后的单位产品成本，产生明显的地块层面的规模经济。理论和实证分析均表明，相对于零散的小地块，面积大或与原有土地位置相连的地块，具有技术替代、成本分摊等方面的优势。一方面，在相同的要素投入下具有更高的产出，表现为技术上的规模经济；另一方面，有利于要素替代和降低扣除地租之后的单位产品成本，表现为经济上的规模经济。面积大或与原有土地位置相连对地块上生产的单位产品总成本的影响并不明显，主要原因在于面积大和位置相连的地块的租金率较高，而其高租金率正是源于生产环节的规模经济，即地块层面的规模经济能够激励农户支付更高的租金来获得具有该空间特征的耕地。

（2）随着转入地块面积的扩大，带来的地块层面规模经济增量呈递减的趋势。由于地块层面的生产成本随地块面积扩大而降低的幅度越来越有限，扩大地块面积带来的规模经济的边际效应递减。一方面，表现为地块位置相连带来的规模报酬随地块面积的扩大而减小，即在小地块组的效应高于大地块组；另一方面，表现为耕地租金率的增长幅度随着地块面积扩大而递减。

本章关于地块的空间特征与地块层面规模经济的讨论，可能具有的理论含义是：由于存在明显的地块层面的规模经济，流转市场中耕地空间位置的固定性是影响耕地资源配置的不可忽略的重要因素。研究结论具有的现实含义有：第一，耕地流转市场中的地块整合和连片流转，无论是在提升农业生产效率，还是在提高土地价值，抑或在增加转出户收入等方面都具有积极的作用。第二，从发展的视角看流转市场耕地特征的异质性。当前流转市场耕地零散分布的原因除产权细碎化外，还在于耕地流转率不高。随着劳动力转移和人口老龄化，以及农村养老保障制度的完善等条件的完善，耕地流转比例的提高能够增加流转市场上地块相连的概率，弱化流转市场地块空间特征的异质性。

| 第6章 |

不同规模农户对转入耕地空间
特征的偏好异质性

承接上一章内容，本章在比较不同规模农户
生产异质性的基础上，分析转入不同空间特征的
地块对农业生产的影响的可能性，在此基础上实
证检验不同规模农户对转入耕地空间特征的偏好
的差异，并进一步讨论其对耕地资源配置的含义。

6.1 不同规模农户耕地转入
偏好的异质性分析

根据前文研究可知，地块的面积与位置是影
响地块生产方式、技术采用的重要因素。地块面
积过小，除了不便于机械作业或限制机械作业效
率以外，还会增加劳动与生产资料跨地块的时间
消耗和交通成本的分摊，增加单位面积的生产成

本。但是，当小地块的位置与转入户的原有地块相连时，可以通过地块合并扩大耕作空间，改善自身在技术替代、成本分摊等方面的不足。

通常而言，普通户与规模户在农业生产中具有不同的要素禀赋、经营管理能力、技术水平等，而不同面积与位置的地块与农户的要素、技术等条件的适配程度存在明显差异，导致了不同规模农户转入地块的空间特征"偏好"的异质性。例如：对于机械替代需求强的农户，面积小的地块会妨碍机械替代或制约机械效率的提高；对于劳动禀赋不足的农户，位置较远的地块会耗费更多的跨地块时间成本。以下将从流转市场中地块的面积和位置两个方面分析其对不同规模农户生产的影响：

（1）从地块面积看，小地块可能影响农业机械的使用、作业效率以及其他成本的分摊，对于劳动力稀缺程度和机械替代需求较高的规模户，小地块除了限制边际产值高的要素替代边际产值低的要素外，还会增加劳动和机械跨地块作业的时间损耗，导致耕地投入的边际产出降低，其空间特征与规模户的资源禀赋和生产方式不相恰，因而得不到规模户的"偏爱"。对于普通户，其劳动相对充裕，且生产中对技术替代的需求并不强烈，转入小地块经营对生产的负面影响并不明显，因而普通户并不"排斥"小地块。而面积大的地块，由于具有耕地利用上的规模经济，受到了规模户和普通户的"偏爱"。

（2）从地块位置看，转入地块与农户原有地块位置相连时，能够通过边界相连、破除田埂等途径扩大地块有效耕作空间，获得地块上的规模经济。由于流转市场中地块与潜在转入户原有地块位置是否相连具有相对性，位置与规模户不相连的地块，尤其是面积小的地块，与规模户的资源禀赋和生产方式不相恰，因而得不到规模户的"偏爱"；对于普通户，转入不相连的地块经营对生产的负面影响并不明显，因而普通户并不"排斥"零散地块。

综上所述，由于存在明显的地块层面的规模经济，农户转入地块的面积与位置对不同要素禀赋农户的适配程度存在差异，导致不同规模农户对转入耕地的空间特征偏好存在差异。具体而言：在流转市场中，面积大和与转入户位置相连的地块具有耕地利用上的规模经济，且与规模户的资源禀赋和生产方式相适配，因而受到规模户的"偏爱"；而面积小且零散的地块，与规模户的资源禀赋和生产方式不相恰，因而受到规模户的"排斥"。对于普通户，无论是面积小的地块，还是位置不相连的零散地块，转入经营对其生产的负面影响并不明显，因而其对转入耕地的空间特征并无明显偏好。

6.2　计量经济模型设定及变量选择

6.2.1　计量经济模型

本章重点关注的是规模户与普通户转入耕地的空间特征偏好是否存在异质性。由于农户偏好属于主观层面的认知，没有完全的客观性，难以进行直接的、细致的测度，但农户的行为偏好会直接显现在其行为选择中，本章将通过比较不同农户行为选择结果的方式，以达到考察不同农户行为偏好异质性的目的。具体而言，通过分析不同农户已转入地块的面积与位置差异，从而分析和推断农户耕地偏好的异质性。

本章参考卡佩拉里和詹金斯（Cappellari and Jenkins，2003）的双变量Probit 模型，设定检验不同规模农户转入耕地的空间特征偏好差异的模型如下：

$$\begin{cases} Y_1^* = \alpha_1 + \beta_1 \times Scale_i + \gamma_1 \times X_i + \xi_{1i}；\text{若 } Y_1^* > 0，\text{则 } Y_1 = 1，\text{否则 } Y_1 = 0 \\ Y_2^* = \alpha_2 + \beta_2 \times Scale_i + \gamma_2 \times X_i + \xi_{2i}；\text{若 } Y_2^* > 0，\text{则 } Y_2 = 1，\text{否则 } Y_2 = 0 \end{cases}$$

上述模型分析样本农户中有转入耕地的农户。其中：$Y_1 = 1$ 时农户选择转入面积小于 5 亩的地块，$Y_1 = 0$ 表示其他情形；$Y_2 = 1$ 时农户选择转入面积小于 5 亩且位置相连的地块，$Y_2 = 0$ 表示其他情形。两个模型中的解释变量定义相同，$Scale_i$ 表示农户 i 是否为规模户，$Scale_i = 1$ 表示农户为规模户，否则为普通户。X_i 为农户层面的控制变量，包括家庭农业劳动力数量、农机持有情况、户主年龄、户主受教育程度、户主务农年限、经营地块的数量、是否参加过合作社等，主要用于控制农户生产经营能力。ξ_i 为随机扰动项。

模型检验假说的逻辑是：若普通户与规模户对转入地块的空间特征的偏好无差异，则在双变量 Probit 模型的两个方程式中是否为规模户对被解释变量的影响不显著，且两个方程自变量的影响不会存在显著区别。从模型来看，分析的重点在于关键解释变量系数 β_1、β_2 的显著性以及两者的差异，其中系数 β_1 可以反映规模户与普通户在小地块上的选择是否存在差异，用于检验规模户"偏爱"面积大的地块的假说；β_2 可以反映规模户与普通户在面积小且位置相连的地块上的选择是否存在差异，系数 β_1 和 β_2 之间的差异能够反映由于位置相连带来规模户与普通户选择小地块上的差异，用于检验地块位置对规模户选择的影响。

6.2.2 变量选择

本章数据来自南京农业大学"粮食规模化生产情况"课题组 2015 年在黑龙江、河南、浙江、四川 4 个省份开展的农户调查。调查采用多阶段抽样法，根据地域分布、经济水平、农业发展的综合情况选择了 4 个样本省份，每个样本省内随机选择 4 个样本市（县）、每个样本市（县）内随机选择 2 个样本镇（乡）、每个镇（乡）内随机选择 2 个村抽取 32 个农户，总体样本涵盖 4 个省份 16 个市（县）32 个镇（乡）1040 个农户。由于现实中规模户数量占比很小，若农户样本完全随机抽样会导致样本中规模户数量不足，影响规模户与普通户的比较分析结果的可靠性。因此，在农户抽样时按照镇（乡）内户均耕地面积的 3 倍及以内、3~10 倍、10~20 倍、20 倍以上的分别抽取 20 户、6 户、4 户、2 户。本章实证选取的主要内容包括两个层面：第一，农户层面。涵盖家庭人员基本信息、耕地经营情况、农机持有情况等。第二，地块层面。从被调查农户种植的地块中随机选择 1 个自有地块和 1 个转入地块①，分别询问了地块特征、流转信息等。筛选有转入耕地的农户得到的农户样本数为 725 个。

关于不同规模农户的生产经营方式的差异，本章主要从两个方面进行考察：第一，农户的人力资本。调查中询问了农户或户主的以下问题："家庭农业劳动力数量""户主年龄""户主受教育程度""户主务农年限""是否

① 若样本农户为无转入耕地的农户，仅选择 1 个自有地块。

参加过合作社"，主要了解农户及主要决策者的信息。第二，农户机械持有量。调查中详细询问了农户的农机持有情况，包括"农机名称""购置年份""机械总售价""购买时获得补贴量"，主要了解农户经营能力和生产方式。通常而言，机械持有量或价值更高的农户经营能力更强。一方面，会在农业生产中更多的环节使用机械；另一方面，价值更高的机械往往生产效率更高，且会对作业地块的空间有一定的要求，例如，价值高的大型机械作业时，运行和转向需要的空间更大。然而，现实中有农户购买大型机械是为了提供农机服务，并非仅为改善自身生产经营能力，但整体而言这类农户的占比并不高，因而本章从农机持有情况中统计"农户是否持有原价超过8000元的农业机械""持有农业机械原值总和"两个指标，衡量和比较农户农机持有情况的差异。尽管以上指标难以全面的分析和比较农户的差异，但可以为判断农户的信息获取、种植决策、生产方式、经营能力等提供一定的参考依据。

如表6-1所示，列出了本章双变量Probit模型实证分析所有的变量及描述性统计分析结果。

表6-1　　　　　　　　　　变量定义及描述性统计

变量名称	变量定义	样本数	均值	标准差
转入小面积的地块	是否转入面积小于5亩的地块，1=是；0=否	725	0.42	0.49
转入面积小且相连的地块	是否转入面积小于5亩且相连的地块，1=是；0=否	725	0.13	0.34
是否为规模户	1=是；0=否	725	0.39	0.49
家庭农业劳动力数量	家庭农业劳动力数量，单位：人	725	1.89	0.98
户主年龄	单位：岁	725	52.19	10.40
户主受教育程度	"共上了几年学"，单位：年	725	6.85	3.12
户主务农年限	"种过几年地"，单位：年	725	30.53	13.63
经营地块数量	经营地块的总数量，单位：块	725	12.15	12.57

续表

变量名称	变量定义	样本数	均值	标准差
是否参加过合作社	"您家是否加入过农村合作社"，1 = 是；0 = 否	725	0.26	0.44
农机持有情况	是否持有 8000 元以上农机，1 = 是；0 = 否	725	0.44	0.50

注：表中仅列出调查中有转入地块的样本农户的相关信息。
资料来源：根据 2015 年农户调查数据统计整理。

6.2.3 数据的描述性分析

6.2.3.1 样本分布及农户耕地经营情况

按照前文规模户的定义，将黑龙江经营面积在 100 亩以上和河南、浙江、四川 3 个省份经营面积在 50 亩以上的农户划分为规模户，其他的作为普通户，分别分组统计了样本农户经营耕地的基本情况，如表 6 - 2 所示。调查农户样本总数为 1040 户，其中：规模户有 291 户，占比为 28.0%；普通户有 749 户，占比为 72%。总样本的户均耕地面积为 85.3 亩，分布为 9.6 个地块，其中：规模户的户均面积达到 254.9 亩，分布为 11.7 个地块；普通户的户均经营面积为 19.4 亩，分布为 8.8 个地块。

表 6 - 2 样本农户耕地经营基本情况统计

省份	总样本				普通户				规模户			
	户数（户）	户均面积（亩/户）	户均块数（块/户）	块均面积（亩/块）	户数（户）	户均面积（亩/户）	户均块数（块/户）	块均面积（亩/块）	户数（户）	户均面积（亩/户）	户均块数（块/户）	块均面积（亩/块）
黑龙江	258	196.3	7.1	27.6	126	45.3	4.3	10.5	132	340.4	9.7	35.1
河南	260	57.1	7.5	7.6	199	10.8	5.1	2.1	61	208.3	15.8	13.2
浙江	256	48.2	3.8	12.7	187	13.8	3.6	3.8	69	141.1	4.5	31.4

续表

省份	总样本				普通户				规模户			
	户数（户）	户均面积（亩/户）	户均块数（块/户）	块均面积（亩/块）	户数（户）	户均面积（亩/户）	户均块数（块/户）	块均面积（亩/块）	户数（户）	户均面积（亩/户）	户均块数（块/户）	块均面积（亩/块）
四川	266	40.9	19.6	2.1	237	17.2	18.4	0.9	29	235.2	29.3	8.0
合计/平均	1040	85.3	9.6	8.9	749	19.4	8.8	2.2	291	254.9	11.7	21.8

资料来源：根据 2015 年农户调查数据统计整理。

　　根据表 6-2 中数据的比较分析，结果显示：第一，各样本省份之间的耕地资源禀赋差异十分明显。一方面，户均耕地数量差异明显，4 个省份样本农户中户均耕地面积由大到小依次为黑龙江、河南、浙江、四川，黑龙江样本农户的户均耕地面积分别为河南、浙江和四川的 3.4 倍、4.1 倍和 4.8 倍；另一方面，农户经营耕地的细碎化程度差异明显，由低到高依次为黑龙江、浙江、河南、四川，其中黑龙江样本农户经营耕地的地块平均面积分别为河南、浙江和四川的 3.6 倍、2.12 倍和 13.1 倍。第二，规模户经营耕地的地块平均面积显著大于普通户。从整体样本来看，规模户的地块平均面积约是普通户的 10 倍，且地区之间的差异也十分明显。在细碎化程度较低的黑龙江，规模户的地块平均面积是普通户的 3.3 倍，而在细碎化程度较高的四川，规模户的地块平均面积比普通户大 8.9 倍，表明农户经营规模的扩大伴随着地块平均面积的增加，而且在耕地细碎化程度高的地区该现象更明显。

6.2.3.2　规模户与普通户的特征比较

　　根据前文农户异质性的分析及相关指标的选择，统计了不同规模农户特征指标并进行 T 检验，如表 6-3 所示。

表 6 – 3　　　　　　　　　不同经营规模农户的特征统计

类型	样本量	农业劳动力数量（人）	户主年龄（岁）	户主教育程度（年）	持有农业机械原值（元）	是否持有价值超过8000元的农业机械（%）	是否参与合作社（%）
总体	1040	1.89	52.2	6.8	32851.9	44.8	23.65
普通户	749	1.80	54.8	6.3	13520.1	25.9	17.76
规模户	291	2.02	48.0	7.8	82609.6	72.3	38.83
T 值	—	– 2.93 ***	9.05 ***	– 6.65 ***	– 10.69 ***	– 13.75 ***	– 6.43 ***

注：＊、＊＊和＊＊＊分别表示在10%、5%和1%的水平上显著。
资料来源：根据2015年农户调查数据统计整理。

根据表 6 – 3 中数据比较分析的结果显示：普通户与规模户的特征变量存在明显差异。从两类农户的家庭农业劳动力数量来看，普通户的家庭农业劳动力数量均值为 1.80，小于规模户家庭农业劳动力数量的均值 2.02，且在 1% 的统计水平上显著，表明了农业劳动力数量是影响农户扩大经营面积的重要因素。从户主特征看，规模户户主的年龄比普通户平均小 6.8 岁，而平均受教育年限要长 1.5 年，且两者均在 1% 的统计水平上显著，表明了年轻或受教育程度更高的户主做出规模经营决策的可能性更高，原因可能是年轻或受教育程度更高的户主具有劳动能力、技术学习、信息获取、风险管理等方面的优势。从农机持有情况来看，规模户持有农机价值的原值和持有大型农业机械的比例均显著高于普通户，其中规模户持有的农业机械原值约为普通户的 6.1 倍，持有大型机械的比例为普通户的 2.8 倍，且两者均在 1% 的统计水平上显著。农户无论是先有农机后扩大规模，还是扩大规模后迫于生产的需求而购买农机，规模户与普通户农机持有量的显著差异，反映了两者生产经营能力和农业生产方式的显著区别。从参与合作社情况来看，调查样本中有 38.83% 的规模户参与，而普通户仅有 17.76%，表明农户扩大经营面积后，农户提高了加入合作社以降低产销环节的成本及风险管控等方面的意愿及需求。

6.2.3.3 规模户与普通户转入耕地偏好的差异比较

本章重点关注不同农户转入耕地偏好的异质性，比较分析时仅统计了样本中有转入耕地的 725 个农户。首先，从地块层面统计不同面积和位置的地块流向的差异。按地块面积大小将样本地块分为 4 组，分组统计了地块的流入方是否为规模户，以及该地块转入时是否与原有土地位置相连，如表 6-4 所示。

表 6-4 不同空间特征地块的流向情况统计

地块面积（亩）	样本数（户）	占比（%）	地块转入方					
			普通户			规模户		
			样本数（户）	占比（%）	相连比例（%）	样本数（户）	占比（%）	相连比例（%）
(0, 5]	305	42.1	287	94.1	31.4	18	5.9	38.9
(5, 20]	186	25.7	118	63.4	28.8	68	36.6	30.9
(20, 40]	114	15.7	33	28.9	24.2	81	71.1	28.4
(40, ∞]	120	16.6	5	4.2	0	115	95.8	25.2
合计	725	100	443	61.1	29.8	282	38.9	28.3

注：表中仅统计了样本中有转入地块的农户信息。
资料来源：根据 2015 年农户调查数据统计整理。

结果显示：对于所有地块，规模户和普通户转入地块与原有地块位置相连的比例并无明显差别；从地块面积分组来看，随着地块面积的扩大，其流向规模户的比例逐步提高，且与原有土地位置相连的比例逐渐降低。在面积 5 亩以下的地块分组中，流向规模户的比例仅为 5.9%，其中有 38.9% 的地块与原有地块位置相连；随着地块面积的扩大，流向规模户的地块比例迅速增加，在面积 40 亩以上的地块组中，流向规模户的比例高达 95.8%，仅有 25.2% 的地块与原有地块位置相连。以上统计分析结果表明：随着地块面积的扩大，地块流向规模户的可能性逐渐提高，且规模户对转入地块是否与原有地块位置相连的要求有所放松。

然后，从农户层面检验了规模户和普通户的转入地块的面积与位置的差异。按照前文规模户的定义将农户分为规模户与普通户，分别统计不同流向耕地的地块数量、面积和是否相连的信息，如表 6-5 所示。

表 6-5 不同流向地块空间特征的异质性检验

地块特征	样本数（户）	地块面积（亩）	地块位置相连占比（%）
所有地块	725	32.41	29.2
流向规模户的地块	282	72.05	28.3
流向普通户的地块	443	7.17	29.8
T 值	—	−8.61***	0.412

注：①表中仅统计了样本中有转入地块的农户信息；② *、** 和 *** 分别表示在 10%、5% 和 1% 的水平上显著。

资料来源：根据 2015 年农户调查数据统计整理。

结果显示：第一，从地块数量上看，以流向普通户为主。统计到的样本地块共 725 块，其中：流向规模户的有 282 块，占比为 38.9%；流向普通户的有 443 块，占比为 61.1%。第二，从地块面积来看，流向规模户和普通户的地块存在显著差异。统计到的样本地块平均面积为 32.41 亩，其中流向规模户的地块平均面积为 72.05 亩，流向普通户的地块平均面积为 7.17 亩，两者的 T 检验值为 −8.61，充分表明了流转市场中流向规模户的地块面积显著大于流向普通户的地块，且在 1% 的统计水平上显著。第三，从地块位置来看，流向规模户和普通户的地块是否相连差异并不显著。流向规模户和普通户的地块与农户原有土地位置相连的比例分别为 28.3% 和 29.8%，两者差异的 T 检验值为 0.412，表明流向规模户和普通户的地块位置是否相连并不存在明显差异。原因在于地块位置相连具有相对性，即规模户转入的与原有土地位置相连的地块不一定与普通户的土地相连，普通户转入的与原有土地位置相连的地块不一定与规模户相连。

最后，结合表 6-2 中农户经营面积与地块数量的统计，显示了规模户经营耕地的地块平均面积显著高于普通户。由于流转市场中地块是随机分布的，扩大地块平均面积的途径有转入面积大的地块或与相连地块合并，意味着规模户的形成或扩张过程中，"偏爱"并转入了更多面积大的地块或位置相连的地块，从而扩大了其经营地块的平均面积。以上分析中，无论是从不同空间特征地块的流向的统计，还是不同农户转入地块的空间特征的检验，或是地块流向的结果分析，均表明了流向规模户和普通户的地块空间特征存在显著区别，从侧面反映了规模户与普通户的耕地流转偏好的差异。

6.3 计量经济结果分析

表 6 - 6 汇报了双变量 Probit 模型的拟合结果，其中第（1）列为双变量 Probit 模型中第一个方程的拟合结果，第（2）列为双变量 Probit 模型中第二个方程的拟合结果，第（3）列为两个方程的系数差异检验，第（4）列为双变量 Probit 模型中两个方程系数的边际效应差异值。模型的拟合结果显示，规模户不偏爱流转市场中的小地块，户主特征对是否转入小地块有影响，农户农机持有量和参与合作社对转入小地块有显著的负面影响，而家庭经营地块的数量对转入小地块有显著的正向影响。

表 6 - 6   不同规模农户对转入地块偏好异质性的
                         双变量 Probit 模型回归结果

变量	(1) 转入面积小的地块	(2) 转入面积小且相连的地块	(3) 系数差异检验	(4) 边际效应差异
是否为规模户	- 1.972 *** (- 9.48)	- 1.208 *** (- 5.42)	9.82 ***	- 0.211 *** (- 5.28)
家庭劳动力数量	- 0.077 (- 1.20)	0.001 (0.02)	1.13	- 0.0001 (- 0.001)
户主年龄	0.006 (0.56)	0.007 (0.63)	0.03	0.001 (0.64)

续表

变量	（1） 转入面积小 的地块	（2） 转入面积小且 相连的地块	（3） 系数差异检验	（4） 边际效应差异
户主受教育程度	-0.043** （-2.11）	0.010 （0.42）	4.56**	0.001 （0.38）
户主务农年限	0.021*** （2.79）	0.002 （0.23）	6.59**	0.0003 （0.28）
农户经营地块数量	0.049*** （6.82）	0.021*** （4.24）	13.39***	0.004*** （4.53）
是否参加过合作社	-0.325** （-2.06）	-0.454** （-2.42）	0.43	-0.071** （-2.45）
农机持有情况	-0.612*** （-4.25）	-0.297* （-1.70）	3.28*	-0.050* （-1.76）
常数项	-0.478 （-1.03）	-1.504*** （-2.67）	1.66***	—
模型统计量				Number of obs = 725　Wald chi² = 214.82　Prob > chi² = 0.000 Wald test of rho = 0　chi²（1）= 60.61　Prob > chi² = 0.000

注：①括号中数字是参数估计的 z 值；② *、** 和 *** 分别表示10%、5% 和1% 的显著性水平。
资料来源：根据 2015 年农户调查数据统计整理。

双变量 Probit 模型拟合结果的对比分析表明：影响农户选择转入小地块的变量以相同的方向影响农户选择转入位置相连的小地块，但估计参数体现的影响大小存在差异。从关键解释变量"是否为规模户"的估计系数看，无论转入地块的位置是否相连，规模户选择转入小地块的概率明显低于普通户，说明了规模户比普通户更"排斥"流转市场中的小地块。同时，表 6-6 中第（3）列双变量 Probit 模型两个方程估计系数的差异检验结果显示，规模户在选择转入小地块和转入位置相连的小地块上存在系统差异；而第（4）列汇报了模型系数估计的边际效应差异结果表明，在其他条件相同时，规模户选择转入位置相连的小地块的概率比转入非相连小地块的概率要高

· 105 ·

21.1%，即相对于位置非相连的小地块，规模户转入位置相连的小地块的可能性更高。

从其他控制变量来看：户主特征对农户选择转入小地块和小且相连地块的行为影响并不存在显著差异；已有地块数量对农户两类地块选择行为的影响存在显著差异，已有地块数量越多，农户选择转入相连地块的可能性越高。农户农机持有量和是否参加合作社对两种行为选择存在显著差异，具体而言：如果农户持有原值超过8000元的农业机械，或参加了农业合作社，则相比于转入小地块，农户转入位置与转入地块相连的小地块的可能性分别高出5.0%和7.1%，且分别在10%和5%的统计水平上显著。以上分析表明：与普通户相比，规模户"排斥"面积小的地块，但当小地块位置与规模户经营土地相连时该情况会得到改善，即规模户"偏爱"耕地流转市场中面积大的地块和位置相连的地块，这一结果支持前文的研究假说和分析结论。

上文实证分析中，以"地块面积是否达到5亩"作为标准划分大地块与小地块，实证分析普通户与规模户在耕地流转偏好的异质性。为检验分析结果的可靠性，以"地块面积是否达到3亩"为大地块与小地块的划分标准，采用上述相同双变量Probit模型和解释变量进行同样的回归分析，结果方向与前文完全一致，差别在于拟合结果中"是否为规模户"的系数绝对值变大，且边际效应差异也变大。这一结果完全符合上述分析结论，即地块面积越小，规模户转入的可能性越低，但当地块位置与已有地块相连时，规模户转入的可能性明显提高。

6.4　不同规模农户偏好异质性的资源配置含义

前文通过理论与实证分析了不同规模农户转入耕地的空间特征偏好的异质性，由于不同规模农户在人力资本、经营管理能力、生产技术采用、农机持有数量等方面存在差异，而这将关系到流转市场中不同空间特征耕地的流向和利用方式，一方面会影响流转市场资源的配置方向，另一方面会影响农业生产效率。

在完善的竞争市场中,耕地会被配置给边际产出价值更高的经营者(金松青、Deininger,2004)。同一地块,潜在转入户的边际产出存在差异,原因一方面在于不同农户的经营管理能力、要素禀赋以及所采用的技术等方面存在差异(Lin,1995),另一方面在于相同空间特征的地块对不同转入户的影响存在差异。通常而言,相对于普通户,规模户在经营管理能力、技术与资源禀赋等方面具有优势。规模户相对于普通户具有更高的边际产出,其前提是转入地块的空间不限制其生产效率的正常发挥,据前文分析可知可能有以下两类特征:第一,地块面积较大,其自身具有地块层面的规模经济,即具有技术替代、成本分摊等方面的优势;第二,地块位置与原有土地相连,可以通过地块合并扩大耕作空间,改善自身在技术替代、成本分摊等方面的不足。地块的空间特征对不同潜在转入户地块层面规模经济的影响不同,导致转入户对不同特征地块的租金支付意愿存在差异,从而带来了不同特征地块的流向差异。在耕地流转市场中,规模户转入面积大或与其原有地块位置相连的地块能够获得耕地利用上的规模经济,而且其规模效益高于普通户转入获得的规模效益,因而规模户能够为其支付更高的租金并在竞争中获得它。零散的小地块妨碍了转入者的规模经济效益,从而难以形成经营者层面的"规模化"经营,或得不到已实现"规模化"的经营者的偏好。所以,面积大及与原有地块位置相连的地块会更多流向规模户,而零散的小地块以流向普通户为主。

诚然,不同空间特征地块的转入者在耕地利用方式、经营管理能力、技术采用等方面存在差异,并不意味着流转市场资源配置的低效。尽管有耕地资源流向了经营管理能力不强、技术采用水平不足、生产效率不高的普通户,但这类现象主要受限于地块特征的约束,倘若经营管理能力较强、技术采用水平较高的规模户转入这类耕地经营时,其生产效率和经济效益并不强于普通户。相反,该现象属于有效的市场配置行为,体现了市场配置资源的一般规律。

值得注意的是,上述分析地块空间特征对地块流向的影响会随着耕地流转市场的发展而变化。由于现实中新转入地块的面积、位置以及与其位置相连的原有地块面积的差异,导致新转入地块带来的地块层面规模经济的情况非常多样且复杂，但在竞争性要素市场中，无论何种情况，地块转出者选择潜在转入者的唯一标准是地租。从耕地转入者来看，新增耕地的地租不仅取决于转入地块经营的规模经济，还取决于规模经济的边际效应。例如，耕地流转市场地块 B 与农户自有地块 A 位置相连，地块合并后能够产生地块层面的规模经济，单从地块 B 看，产生的超额利润为地块 B 的收益减去成本；从地块 A 和地块 B 整体来看，地块 B 带来的总效应为地块 B 的收益减成本与地块 A 成本降低量之和，即新增地块的价值会受到农户已有资源禀赋特征的影响。当已有地块面积较小时，转入与其位置相连的地块能够显著改善地块层面的规模经济，带来总的经济效应包括新增地块 B 上的净收益与已有地块 A 收益变化两部分；而随着地块 A 面积的增加，尽管地块合并带来新增地块 B 上的净收益较高，但已有地块上收益的边际增量很小，新增地块的总效应并不一定最大。特别是当已有地块面积超过"规模经济门槛"时，新增地块对已有地块规模经济的边际改善作用几乎为零，其总效应完全取决于新增地块上的净收益。那么，可以判断存在一个面积值，当已有地块面积超过该值时，并入地块带来的总效应低于该转入地块与另一个较小地块合并的总效应，则新增地块与小地块合并的经济价值高于与大地块合并。以上分析表明：随着耕地流转市场的发展，农户经营耕地的特征的变化亦会影响流转市场耕地资源的流向。从当前农户经营地块的空间特征来看，面积远未达到规模经济"面积门槛"，意味着上述的分析结论适用于现阶段流转市场耕地流向的分析。

6.5 本章小结

本章在前文理论分析的基础上，探讨规模户与普通户在扩大经营面积时对转入耕地的空间特征偏好的异质性，利用黑龙江、河南、河北和四川 4 个省份农户和地块的抽样调查数据，构建二双变量 Probit 模型进行实证检验，并进一步结合第 5 章的研究结论推断流转市场中不同规模农户对转入地块的空间特征的偏好的差异，阐释耕地的空间特征对流转市场资源配置的影响。

研究的主要结论有以下两点：

（1）从农户层面来看，由于农户要素禀赋条件的约束，不同规模农户的劳动力稀缺程度和机械替代需求存在差异，带来对转入地块的面积与位置的偏好存在差异。对于劳动力稀缺程度和机械替代需求较高的规模户，小地块除了限制边际产值高的要素替代边际产值低的要素外，还会增加劳动和机械跨地块作业的时间损耗，导致耕地投入的边际产出降低，但小地块可以通过位置相连改善这一情况，因而规模户偏爱流转市场中的大地块与位置相连的地块。对于普通户，其劳动相对充裕，且生产中对技术替代的需求并不强烈，转入小地块经营对生产的负面影响并不明显，因而普通户对转入地块的空间特征并无明显偏好。

（2）地块的面积与位置对不同潜在转入户地块层面规模经济的影响不同，带来了不同空间特征地块的流向差异。面积大或位置相连的地块，由于具有耕地利用上的规模经济受到规模户和普通户的偏爱，但规模户具有经营能力和技术上的优势，相对于普通户转入大地块能获得更高的边际产出，意味着规模户能够为其支付更高的租金，因此在市场化条件下大地块会流向规模户。零散的小地块，与规模户的资源禀赋和生产方式不相恰，得不到规模户的"偏爱"；但对普通户生产的负面影响并不明显，普通户并不"排斥"零散的小地块，因而其以流向普通户为主。

本章关于地块空间特征与流转市场资源配置的讨论，可以具有以下启示：第一，地块空间位置固定的属性是导致流转市场耕地的异质性的重要因素，构建统一的耕地经营权交易平台，在一定程度上能够弱化流转市场地块位置固定带来的不利影响。第二，支持和鼓励农业机械技术的研发和改进，促进小型高效农机的发展，削弱空间位置约束造成的农机作业的规模不经济，弱化流转市场中地块面积引致的耕地异质性。第三，重新审视农业规模经营支持政策的方向。2015年财政部颁发了《关于支持多种形式适度规模经营促进转变农业发展方式的意见》，该意见提出的通过加大补贴促进农业规模经营的发展的方式，倍受学者争议（尚旭东、朱守银，2017）。适度规模经营能够提高生产效率，意味着与普通户相比，规模户具有更强的生产和获利能力，那么为何还需要补贴？需要补贴表明其生产效率并不高，那么制约其生产效率提高的因素是什么？或许这才是政策需要解决的问题。从本书研究的视角出发，规模户集中连片经营的需求与耕地零散分布的矛盾影响了流转市场的资源配置，如何弱化甚至消除耕地资源的异质性，对于提高耕地流转市场的配置效率和中国农业规模经营发展具有重要意义。

第 7 章

耕地流转、资源禀赋与我国农业规模经营发展

承接前文的研究内容，本章探讨了耕地流转市场与资源禀赋对农业规模经营程度的影响。具体分析由户均耕地数量和耕地细碎化程度引致的资源禀赋差异对流转市场耕地连片概率的影响，进而推断其对农业规模经营的影响。在此基础上，运用耕地资源禀赋差异明显的黑龙江、河南、浙江和四川这 4 个省份 128 个村的两期数据进行实证检验，从而解释地区之间农业规模经营发展的不平衡，除了耕地流转市场发育程度不同外，耕地资源禀赋特是影响农业规模经营的发展的重要因素。

7.1 计量经济模型设定及变量选择

7.1.1 计量经济模型设定

本章考虑使用村层面农业规模经营程度的数据,采用非观测效应模型验证研究假说,计量经济模型设定如下:

$$Y_{it} = \alpha + \beta TR_{it} + \gamma X_{it} + \sigma_i + \xi_{it} \qquad (7-1)$$

式(7-1)中,Y_{it} 表示村庄 i 在时期 t 的农业规模经营程度,用村规模户经营面积占村耕地面积的比例表示。TR_{it} 表示村庄 i 在时期 t 的耕地流转比例,即流转面积占村耕地面积的比例,用于反映耕地流转市场发育程度。X_{it} 为村庄 i 在时期 t 的一系列控制变量,主要包括村地形特征、区位条件、是否有耕地流转补贴、是否有规模经营补贴、时间虚拟变量。σ_i 为地区虚拟变量,用于控制随时间不变的不可观测因素。ξ_{it} 为扰动项。α、β、γ 为模型的待估参数。

为进一步考察耕地资源禀赋特征对农业规模经营程度的影响,引入耕地资源禀赋变量与村级耕地流转比例 TR_{it} 的交互项,形成如下模型:

$$Y_{it} = \alpha + \beta_1 TR_{it} + \beta_2 TR_{it} \times H_{it} + \beta_3 TR_{it} \times P_{it} + \gamma X_{it} + \sigma_i + \xi_{it} \qquad (7-2)$$

式(7-2)中,Y_{it} 表示村庄 i 在时期 t 的农业规模经营程度,用村规模户经营面积占村耕地面积的比例表示。TR_{it} 表示村庄 i 在时期 t 的耕地流转比例,即流转面积占村耕地面积的比例,用于反映耕地流转市场发育程度。H_{it} 表示村庄 i 在时期 t 的耕地丰裕程度,用村户均耕地面积表示;P_{it} 表示村庄 i 在时期 t 时耕地细碎化程度,用村户均地块数量表示。X_{it} 为村庄 i 在时期 t 的一系列控制变量,主要包括村地形特征、区位条件、是否有耕地流转补贴、是否有规模经营补贴、时间虚拟变量。σ_i 为地区虚拟变量,用于控制随时间不变的不可观测因素。ξ_{it} 为扰动项。

本章重点关注的参数是 β_1、β_2、β_3,即关键解释变量耕地流转比例 TR_{it}、

耕地丰裕程度 H_{it} 和细碎化程度 P_{it} 对农业规模经营程度的影响。预期：$\beta_1 > 0$，表明在控制其他因素条件下，耕地流转对农业规模经营有促进作用，即耕地流转比例越高，流转市场地块数量越大，地块连片的可能性越高，实现连片流转的概率越大，能够流向规模户而达到的规模经营程度越高；$\beta_2 > 0$，表明耕地丰裕度能够强化流转对农业规模经营程度的影响，即在控制其他条件不变的前提下，户均耕地面积越大，达到地块层面"面积门槛"所需地块数量越少，实现连片流转的概率越大，能够流向规模户而达到的规模经营程度越高；$\beta_3 < 0$，表明耕地细碎化程度弱化了流转市场对农业规模经营程度的影响，即在其他条件不变时，细碎化程度越高，耕地流转市场上耕地相连的可能性越低，实现连片流转的概率越小，流向规模户的耕地占比越少，或越难以形成规模户，能够达到的规模经营程度越低。

理论上讲，由于存在诸多因素同时影响村耕地流转率和农业规模经营程度，例如，村非农就业比例、人口老龄化程度等，可能造成模型的内生性问题，进而导致参数估计偏误。本章将使用工具变量法处理内生性问题，并与原模型进行对比。分析时参考徐志刚等（2017）处理内生性方法，选择"村内土地流转是否必须经过村集体组织或协调"作为耕地流转率的工具变量，其符合工具变量的两个基本条件：第一，直接影响村内耕地流转情况；第二，属于外生变量，"土地流转是否必须经过村集体组织或协调"并不会直接影响农业规模经营。

7.1.2　数据介绍

本章的数据来自南京农业大学"粮食规模化生产情况"课题组于 2015 年、2018 年在黑龙江、河南、浙江、四川开展的追踪调查，样本涵盖 4 个省份 16 个市（县）128 个村。本章用于实证分析耕地流转市场发育和资源禀赋特征对农业规模经营的影响的数据为村庄层面数据，主要内容包括上一年度村庄人口流动和就业、耕地资源禀赋、耕地流转与经营、基本经济社会情况等方面的基本情况。本部分数据包含 128 个村庄的两期数据，观测值数为 256 个。本章实证模型分析中有关变量的定义和描述性统计分析的结果如表 7-1 所示。

表 7-1   变量定义及描述性统计

变量名称		变量与赋值	均值	标准差
规模经营程度		村规模户经营面积占村耕地面积的比例（%）	16.44	22.52
耕地流转率		耕地流转面积占村耕地面积的比例（%）	41.36	22.30
耕地丰裕度		村户均耕地面积（亩）	8.02	11.24
细碎化程度		村户均耕地地块数量（块）	5.18	3.20
村平地面积占比		村耕地平地面积占比（%）	67.69	32.53
村区位条件		村委会到县政府的距离（公里）	29.88	21.85
是否有规模经营补贴		村是否有规模经营补贴项目（有=1；否=0）	0.41	0.49
耕地流转补贴		村是否有耕地流转补贴（有=1；否=0）	0.27	0.44
耕地流转审批		村耕地流转是否需要审批（有=1；否=0）	0.36	0.48
村地形特征（以"平原"作为对照）	村地形特征（丘陵）	是=1；否=0	0.54	0.50
	村地形特征（山地）	是=1；否=0	0.02	0.15

资料来源：根据 2015 年和 2018 年村庄调查数据统计整理。

表 7-2 分省统计了样本村 2014 年和 2017 年耕地流转情况和规模经营情况。从耕地流转和规模经营情况的比较来看，省份之间的差异较为明显。其中：河南样本 2014 年与 2017 年的耕地流转率分别为 51.54% 和 61.06%，均高于样本的其他省份，同期的规模经营程度分别为 23.60% 和 24.46%，分别低于黑龙江的 29.99% 和 35.22%；而四川样本 2014 年与 2017 年的耕地流转率分别为 33.61% 和 34.29%，同期的规模经营程度分别为 10.57% 和 12.30%，均处于样本省份的最低水平。从耕地流转和规模经营的发展来看，整体样本的耕地流转率从 2014 年的 39.84% 提高到 2017 年的 42.87%，农业规模经营程度从 14.44% 提高到 18.45%。同时，各省样本的 2017 年耕地流转率和农业规模经营程度较 2014 年均有所提高，但省份之间的发展速度存在显著差异。其中，以黑龙江最为显著，其 2017 年的耕地流转率和农业规模经

营程度分别比 2014 年提高了 4.90% 和 5.23% ；而同期的四川省耕地流转率和农业规模经营程度分别仅提高了 0.68% 和 4.21% 。

表 7-2 样本地区耕地流转及规模经营情况

省份	年份	耕地流转率（%）	规模经营程度（%）
黑龙江	2014	38.30	29.99
	2017	43.20	35.22
河南	2014	51.54	23.60
	2017	61.06	24.46
浙江	2014	38.17	14.19
	2017	38.42	22.00
四川	2014	33.61	2.61
	2017	34.29	6.82
总体	2014	39.84	14.44
	2017	42.87	18.45

资料来源：根据 2015 年和 2018 年村庄调查数据统计整理。

与此同时，通过各省份耕地流转率与规模经营程度的关系对比初步显示，耕地流转率越高的地区农业规模经营程度相应也越高，但并非具有严格的线性关系。例如，2014 年和 2017 年黑龙江和浙江两省的耕地流转率的差异均并不十分明显，但 2014 年和 2017 年黑龙江的农业规模经营程度分别为浙江的 2.11 倍和 1.60 倍，表明在相同耕地流转率下，黑龙江的规模经营程度会明显地高于浙江。以上分析意味着除耕地流转因素外，还存在其他因素影响农业规模经营程度。

因此，进一步统计了不同耕地流转率和资源禀赋下农业规模经营的差异，如表 7-3 所示。表 7-3 中分别根据村耕地流转率、户均耕地面积、户均地块数量与省均值的比较分为两组，即高于省平均流转率的村归为高流转比例组，低于省平均流转率的村归为低流转比例组；户均耕地面积大于省均值的村归为耕地丰裕组，小于省均值的村归为耕地匮乏组；户均地块数量大于省均值的村归为细碎化组，小于省均值的村归为普通组。根据整体样本的统计数据显示，高流转比例村庄组的农业规模经营程度的均值为 22.50%，显著高于低流转比例村庄组的 11.10%，且两者 T 检验的统计量在 1% 的统计水平上显著。与此同时，无论是根据户均耕地面积，还是户均地块数量的分组对比，均显示了高流转比例村庄组的农业规模经营程度高于低流转比例村庄组，且均在 1% 的统计水平上显著。以上分析充分表明了耕地流转市场的发育对农业规模经营程度存在显著的正向影响。

表 7-3 不同耕地流转率和资源禀赋条件下农业规模经营的差异分析

耕地禀赋特征		高流转比例村庄组	低流转比例村庄组	T 检验统计量对应概率
整体样本		22.50	11.10	0.00
户均耕地面积	耕地丰裕组	27.59	12.25	0.00
	耕地匮乏组	18.89	9.60	0.01
户均地块数量	细碎化组	18.72	10.05	0.01
	普通组	24.37	11.03	0.00

资料来源：根据 2015 年和 2018 年村庄调查数据统计整理。

同时，由于耕地资源禀赋特征的差异，农业规模经营程度在不同户均面积和细碎化程度的样本中呈现一定差异，具体表现为：耕地丰裕组的规模经营程度高于耕地匮乏组，耕地细碎化组的规模经营程度低于普通组。根据户均耕地面积的分组比较显示，在高流转比例村庄组中，耕地丰裕组的农业规模经营程度为 27.59%，比耕地匮乏组的规模经营程度高出 8.7 个百分点；而在低流转比例村庄组中，耕地丰裕组的农业规模经营程度比耕地匮乏组的高 2.65 个百分点。可以判断无论是在高流转比例村庄组，还是在低流转比例村庄组，村庄户均耕地面积对农业规模经营程度有促进作用。根据户均地块数量的分组比较显示，在高流转比例村庄组中，耕地细碎化组的农业规模经营程度为 18.72%，比普通组的规模经营程度低 5.65 个百分点；而在低流转比例村庄组中，耕地细碎化组的农业规模经营程度比普通组低 0.98 个百分点，可以判断村庄耕地细碎化对农业规模经营程度有抑制作用。

以上各项统计的 T 检验结果均在 1% 的统计水平上显著，充分表明了耕地资源禀赋的差异会导致耕地流转市场对农业规模经营程度的影响的异质性。具体表现在两个方面：一是在相同耕地资源禀赋特征条件下，不同流转市场的地区的农业规模经营程度也存在差异；二是在不同耕地资源禀赋特征条件下，相同流转市场的地区的农业规模经营程度存在差异，而具体的关系有待实证分析的进一步检验。

7.2 计量经济结果分析

如表 7-4 所示，模型（1）~模型（4）分别汇报了采用不同模型估计耕地流转市场发育对农业规模经营影响的结果，其中：模型（1）为式（7-1）采用 OLS 法的稳健性估计结果；模型（2）和模型（3）中分别引入了单一耕地禀赋特征交叉项，模型（4）中同时引入两项耕地禀赋特征交叉项，并均采用 OLS 法的稳健性估计得到的结果。从模型估计结果来看，以上所有模型的拟合优度 F 检验统计量都较大，均达到了 1% 的显著性水平，表明所有模型的整体拟合程度较好；同时，所有回归的 R^2 值均处于 0.4 左右，表明模型的解释变量对被解释变量的解释程度较高。

表 7-4　　耕地流转、资源禀赋影响农业规模经营模型的拟合结果

变量	模型（1）	模型（2）	模型（3）	模型（4）
耕地流转率	0.334 *** （4.553）	0.252 ** （2.572）	0.535 *** （3.635）	0.440 ** （2.460）
耕地流转率 × 耕地丰裕度	—	0.013 * （1.691）	—	0.010 * （1.914）
耕地流转率 × 细碎化程度	—	—	−0.038 ** （−2.049）	−0.032 * （−1.687）

续表

变量	模型（1）	模型（2）	模型（3）	模型（4）
耕地丰裕度	0.085 （0.332）	−0.585 （−1.385）	0.083 （0.317）	0.446 （1.016）
细碎化程度	−0.218 （−0.647）	−0.227 （−0.696）	−1.053* （−1.725）	−0.855 （−1.357）
是否有规模经营补贴	3.299 （1.070）	2.873 （0.936）	1.821 （0.577）	1.706 （0.543）
村平地面积占比	0.039 （0.922）	0.035 （0.841）	0.038 （0.945）	0.035 （0.873）
村区位条件	0.133** （2.207）	0.148** （2.552）	0.132** （2.198）	0.143** （2.465）
村地形特征（丘陵）	−6.910 （−1.005）	−8.692 （−1.278）	−6.548 （−0.986）	−8.009 （−1.196）
村地形特征（山地）	4.202 （0.437）	7.004 （0.802）	4.770 （0.498）	6.897 （0.777）
年份虚拟变量（2017年）	3.705** （2.415）	3.804** （2.499）	3.611** （2.341）	3.703** （2.433）
地区虚拟变量	控制	控制	控制	控制
常数项	6.843 （0.746）	13.914 （1.469）	−0.135 （−0.013）	6.496 （0.607）
样本量	256	256	256	256
R^2	0.368	0.378	0.380	0.386
模型的拟合优度 F 检验值	9.68***	10.10***	10.09***	10.10***

注：①括号内数据为估计系数的 T 值；②*、**和***分别表示在 10%、5%和 1%的统计水平上显著。

资料来源：根据 2015 年和 2018 年村庄调查数据统计整理。

从表 7-4 中模型（1）的估计结果看，在不考虑耕地资源禀赋特征时，耕地流转市场发育对农业规模经营存在显著的正向影响，其边际影响为 0.334，且在 1%的统计水平上显著，表明相比于不活跃的耕地流转市场，耕地流转率每提高 1 个百分点，将促进流转市场中更多的耕地流向规模户或形成规模户，带来规模户经营面积的占比（即农业规模经营程度）提高 0.334个百分点，验证了本书的研究假说三中耕地流转市场发展对农业规模经营有促进作用的判断。

为进一步探讨耕地资源禀赋特征对农业规模经营影响，依次引入了耕地丰裕度和细碎化程度与耕地流转率的交叉项。表 7 - 4 中模型（2）引入了耕地丰裕度与耕地流转率的交互项，考察在一定耕地流转比例条件下，不同耕地数量的村庄的农业规模经营程度的差异。模型估计结果显示：耕地流转率的系数为正，且在 5% 统计水平上显著，表明耕地流市场发育程度对农业规模经营存在显著的正向影响；耕地丰裕度与耕地流转率的交互项的系数为正，且在10% 统计水平上显著，表明户均耕地面积对农业规模经营程度有正向促进作用，即在一定耕地流转比例下，户均耕地面积大的村庄具有更高的农业规模经营水平。具体而言，在平均耕地流转率处，户均耕地面积每增加 1 亩，村农业规模经营水平会提高 0.53 个百分点。主要原因在于耕地流转率一定时，户均耕地面积越大，通过连片达到地块规模经济"面积门槛"所需地块数量越少，流转市场中的耕地形成连片的概率越高，流转市场耕地集中化的程度越高，流向规模户或形成规模户的可能性越大，相应区域的农业规模经营程度也越高。因此，表 7 - 4 中模型（2）的实证分析结果验证了前文提出的研究假说，耕地资源丰裕地区的农业规模经营程度高于耕地匮乏地区，表明了户均耕地数量会强化耕地流转市场对农业规模经营的促进作用，验证了前文提出的研究假说三中耕地资源丰裕程度会强化流转市场对农业规模经营促进作用的判断。

表 7 - 4 中模型（3）引入了细碎化程度与耕地流转率的交互项，考察在一定耕地流转比例条件下，不同户均地块数量村庄的农业规模经营程度的差异。模型估计结果显示：耕地流转率的系数为正，且在 1% 统计水平上显著，表明耕地流转市场发育程度对农业规模经营存在显著的正向影响；细碎化程度与耕地流转率的交互项的系数为负，且在 5% 统计水平上显著，表明户均地块数量对农业规模经营程度有抑制作用，即一定耕地流转率条件下，户均地块数量大的村庄的农业规模经营水平更低。具体而言，在平均耕地流转率处，户均地块数量每增加 1 块，农业规模经营水平会降低 1.57 个百分点。主

要原因在于耕地流转率一定时，户均地块数量越多，流转市场中的耕地分布越零散，连片形成面积达到"面积门槛"地块的概率越低，流转市场耕地分散化的程度越高，耕地流向规模户或形成规模户的可能性越小，相应的规模经营水平也越低。因此，表7-4中模型（3）实证分析结果验证了前文提出的研究假说，耕地细碎化程度高的地区的农业规模经营程度低于耕地细碎化程度低的地区，表明耕地细碎化会弱化耕地流转市场对农业规模经营的促进作用。验证了前文提出的研究假说三中耕地细碎化程度会弱化流转市场对农业规模经营的促进作用的判断。

表7-4中模型（4）同时引入了耕地丰裕度、细碎化程度与耕地流转率的交互项，考察在一定耕地流转比例条件下，户均耕地面积、地块数量的差异对农业规模经营程度的综合影响。模型估计结果显示：耕地流转率的系数为正，耕地丰裕度与耕地流转率的交互项的系数为正，细碎化程度与耕地流转率的交互项的系数为负，且在10%的统计水平上显著。这表明，耕地流转市场的发展对农业规模经营依然存在正向影响，且户均耕地数量会强化耕地流转市场对农业规模经营的促进作用，而耕地细碎化会弱化耕地流转市场对农业规模经营的促进作用。具体来看：耕地流转率每提高1个百分点，将促进规模户经营面积的占比（即农业规模经营程度）提高0.44个百分点，且在平均耕地流转率处，户均耕地面积每增加1亩，村农业规模经营水平会提高0.41个百分点，而户均地块数量每增加1块，农业规模经营水平会降低1.32个百分点。这一分析结论与以上实证模型的分析结果高度一致，进一步验证了本书的研究假说三。

在以上模型的估计结果中，其他控制变量对农业规模经营程度影响的估计结果与理论预期基本一致。具体来看：变量"是否有规模经营补贴"在模型中系数为正，但统计上不显著，这表明在控制其他因素时，有规模经营补贴地区的农业规模经营与无补贴的地区差别并不明显，原因可能在于规模经营补贴并不能改善当前流转市场中耕地零散分布的现状，政策补贴对改善规模户生产经营中的规模经济也并无益处，因而并不能提高农业规模经营水平。变量"村平地面积占比"在模型中系数为正，但统计上不显著，主要原因可能是为了方便耕作或适应作物的生产特性，往往通过划定地块以保持耕作土地的平整，当耕地不平整时往往会划定更多的小地块，从而导致了耕地细碎化的问题。因此，村平地面积占比越高，边界相连的地块越容易通过合并形成大地块，增加了地块流向规模户或转入形成规模户的可能性，对提高农业规模经营水平有促进作用。变量"村地形特征"在模型中系数为负，但统计上不显著，表明了其对农业规模经营程度有负向影响，主要原因是：相对于平原地区，丘陵地区的流转市场中耕地更难形成连片经营，由于地势的差异，即使转入与原有土地位置相连的地块，也较难通过破除田埂、地块整合等途径形成大地块，限制了地块层面的规模经济，降低了地块流向规模户或转入形成规模户的可能性，从而对农业规模经营有负向影响。值得注意的是，变量"村区位条件"系数为正，且均在 5% 的统计水平显著，表明了与县区政府的距离会显著的影响农业规模经营程度，主要原因是本书分析的耕地规模经营以粮食作物为主，与县区政府距离近的区域具有相当相对较大产品消费市场，农户会更多地选择种植经济作物，往往达不到本书设定的规模户的面积水平。相反，与消费市场距离较远的地区，农户会更多地选择种植粮食作物，相对而言更容易达到规模户的面积水平。"年份虚拟变量"的系数为正，在部分模型中在 10% 统计水平上显著，这表明农业规模经营水平随时间的发展显著提高，原因可能有多个方面：一是随时间的推移，人口老龄化和非农就业市场的发展促进了耕地流转比例的提高，带来农业规模经营水平的提高；二是技术的进步改善了农业生产中资源禀赋条件对生产的约束，以及日益完善的农业生产外包服务市场，降低了农业生产中的规模经济门槛，促进了农业规模户的形成，提高了农业规模经营程度。

7.3 稳健性分析

以上模型分析中，可能存在由于变量设置偏差或内生性问题而导致参数估计偏误，影响分析结果的可靠性，因而本节将分别采用关键变量重新设置和工具变量法重新进行实证分析，然后与原模型的结果进行对比，以检验前文分析结论的可靠性。在变量重新设置时，分别用村户均耕地面积、户均地块数量与省均值比较大小，形成耕地丰裕度和细碎化程度的虚拟变量，代入上述模型重新拟合回归。在工具变量模型中，选择"村内土地流转是否必须经过村集体组织或协调"作为耕地流转率的工具变量，考虑到模型交互项亦可能存在内生性，将"村内土地流转是否必须经过村集体组织或协调"分别与村户均耕地面积、村户均地块数量做交互项。以上稳健性检验的模型拟合结果如表7-5所示。

表7-5　耕地流转、资源禀赋影响农业规模经营模型的稳健性分析结果

变量	模型（5）	模型（6）	模型（7）	模型（8）
耕地流转率	0.281 *** （3.310）	0.402 *** （4.002）	0.342 *** （3.572）	0.456 *** （2.895）
耕地流转率×耕地 丰裕度虚拟变量	0.148 * （1.924）	—	0.193 * （1.962）	0.112 * （1.914）
耕地流转率×细碎化 程度虚拟变量	—	-0.137 * （-1.765）	-0.185 * （-1.831）	-0.115 * （-1.858）
耕地丰裕度虚拟变量	-0.953 （-0.193）	5.149 * （1.675）	-0.833 （-0.539）	-1.083 （-0.368）
细碎化程度虚拟变量	-2.199 （-0.842）	-0.307 （-0.706）	-0.563 （-1.004）	-0.851 （-0.948）
是否有规模经营补贴	3.608 （1.181）	3.114 （1.023）	3.233 （1.067）	2.916 （1.111）
村平地面积占比	0.050 （1.086）	0.056 （1.260）	0.044 （0.964）	0.032 （0.579）
村区位条件	0.128 ** （2.109）	0.124 ** （2.042）	0.137 ** （2.255）	0.153 ** （2.560）
村地形特征（丘陵）	-6.180 （-0.908）	-4.852 （-0.704）	-4.893 （-0.718）	-5.980 （-1.327）
村地形特征（山地）	6.795 （0.827）	7.370 （0.912）	6.605 （0.864）	7.694 （0.916）

变量	模型（5）	模型（6）	模型（7）	模型（8）
年份虚拟变量（2017 年）	4.012 ** （2.484）	4.038 ** （2.443）	4.376 ** （2.554）	4.051 * （1.778）
地区虚拟变量	控制	控制	控制	控制
常数项	8.272 （1.190）	2.919 （0.388）	5.680 （0.786）	2.957 （0.382）
样本量	256	256	256	256
R^2	0.384	0.383	0.391	0.375
模型拟合优度 F 检验值	9.32 ***	9.21 ***	9.15 ***	10.96 ***

注：①括号内数据为估计系数的 T 值；② *、** 和 *** 分别表示在 10%、5% 和 1% 的水平上显著。

资料来源：根据 2015 年和 2018 年村庄调查数据统计整理。

表 7-5 中模型（5）~模型（8）分别为耕地流转市场发育对农业规模经营影响模型中，逐步引入农户耕地丰裕度虚拟变量、细碎化程度虚拟变量与耕地流转率的交互项的估计结果，模型（9）为引入工具变量的估计结果。所有模型回归的 F 检验统计量都较大，均达到了 1% 的显著性水平，表明所有模型的整体拟合程度较好。

如表 7-5 中模型（5）~模型（8）所示，解释变量对农业规模经营的影响方向与前文分析完全一致。拟合结果显示：关键解释变量"耕地流转率"系数为正，且均在 1% 的统计水平上显著；耕地丰裕度虚拟变量与耕地流转率的交互项的系数为正，细碎化程度虚拟变量耕地流转率的交互项的系数为负，均在 10% 的统计水平上显著。表明了耕地流转市场的发展对农业规模经营存在显著的正向影响，且在一定的耕地流转率下，耕地丰裕度对农业规模经营有促进作用，而耕地细碎化程度对农业规模经营有抑制作用。具体来看：耕地流转率每提高 1 个百分点，将促进农业规模经营程度提高 0.342 个百分点；在平均耕地流转率处，且其他条件相同时，耕地丰裕地区的规模经营程度比耕地匮乏地区高 7.98 个百分点，耕地细碎化地区的农业规模经营程度比普通地区低 7.65 个百分点。

表 7-5 中模型（8）汇报了利用工具变量处理内生性的结果。在模型分析中，工具变量第一阶段估计模型总体显著性的 F 检验值为 19.45，不可识别检验的 Anderson LM 统计量值为 29.81，强烈拒绝不可识别的原假设；同时弱工具变量检验的 Cragg-Donald Wald F 的统计量为 13.38，过度识别检验的 Hansen J 统计量值为 0.39，即不存在弱工具变量与过度识别问题，表明"村内土地流转是否必须经过村集体组织或协调"是合适的工具变量，能够用于处理模型的内生性问题。估计结果均显示：耕地流转率的系数为正，户均耕地面积与耕地流转率的交互项的系数为正，户均地块数量与耕地流转率的交互项的系数为负，表明了耕地流转市场的发展对农业规模经营存在显著的正向影响，且耕地丰裕程度会强化流转市场对农业规模经营有促进作用，而耕地细碎化程度会弱化流转市场对农业规模经营的促进作用。

总体来看，稳健性检验的结果表明：耕地流转市场的发育是农业规模经营发展的必要条件，但在耕地资源禀赋特征不同的地区存在一定差异。在耕地流转市场发育程度相同时，耕地资源丰裕的地区的农业规模经营程度高于耕地资源禀赋匮乏的地区，耕地细碎化程度高的地区的农业规模经营程度低于耕地细碎化程度低的地区。与前文实证分析结论完全一致。

7.4　农业规模经营发展趋势的分析

根据前文分析可知，耕地流转市场的扩大可能促进农业规模经营的加速发展，意味着耕地流转率与农业规模经营程度存在非线性关系，因而将通过线性、半对数型和二次型三种函数形式拟合结果的对比进行验证。

线性、半对数型和二次型形式的拟合结果如表 7-6 所示，各模型的总体显著性的 F 检验均在 1% 统计水平上显著，且各变量参数的符号和统计显著水平基本一致，与前文检验和分析的结论相同，表明了三种函数形式的分析结果具有一致性。同时，线性、半对数型和二次型三种函数形式的拟合结果的 R^2 分别为 0.386、0.459、0.380，表明相对而言半对数型函数形式的拟合结果更好。半对数模型的拟合结果显示：耕地流转市场对农业规模经营程度的影响呈指数递增关系，具体而言："耕地流转率"的系数为 0.027，对数变换后有 $Y = e^{0.027} = 1.027$，即耕地流转率增加 1 个百分点，农业规模经营程度将在该处的基础上增长 2.7%，而随着耕地流转率的提高，增长基数的逐步提高意味着农业规模经营的增长速度将越来越快，即会呈现加速发展的趋势。验证了前文的研究假说四。

表 7 - 6   线性、半对数型和二次型的拟合结果

变量	线性模型	半对数型	二次型
耕地流转率	0.440 *** (2.460)	0.027 *** (3.172)	0.398 (1.344)
耕地流转率的平方	—	—	0.001 (0.502)
耕地流转率 × 耕地丰裕度	0.010 * (1.914)	0.000 (0.191)	0.010 (1.552)
耕地流转率 × 细碎化程度	−0.032 * (−1.687)	−0.001 (−1.237)	−0.031 * (−1.752)
耕地丰裕度	0.446 (1.016)	0.001 (1.040)	0.454 (1.127)
细碎化程度	−0.855 (−1.357)	−0.052 (−0.981)	−0.802 (−0.957)
是否有规模经营补贴	1.706 (0.543)	0.114 (0.602)	1.685 (0.623)
村平地面积占比	0.035 (0.873)	0.005 (1.202)	0.035 (0.648)
村区位条件	0.143 ** (2.465)	0.008 * (1.95)	0.143 ** (2.474)
村地形特征（丘陵）	−8.009 (−1.196)	−0.309 (−0.978)	−8.063 (−1.654)
村地形特征（山地）	6.897 (0.777)	0.495 (0.738)	6.895 (0.717)

续表

变量	线性模型	半对数型	二次型
年份虚拟变量（2017 年）	3.703 ** (2.433)	0.341 ** (2.033)	3.677 (1.594)
地区虚拟变量	控制	已控制	已控制
常数项	6.496 (0.607)	− 3.455 *** (− 4.867)	7.438 (0.632)
样本量	256	256	256
R^2	0.386	0.459	0.380
模型拟合优度 F 检验值	10.10 ***	14.71 ***	11.39 ***

注：①括号内数据为估计系数的 T 值；② * 、** 和 *** 分别表示在 10%、5% 和 1% 的水平上显著。

资料来源：根据 2015 年和 2018 年村庄调查数据统计整理。

值得注意的是，本节推断耕地流转市场将进一步扩大，会促进农业规模经营的加速发展，而在前文分析中设定的耕地流转市场与农业规模程度呈现的是线性关系，模型形式设定可能导致分析结论的偏差。但两种函数形式的拟合结果差别并不十分明显，主要原因在于被解释变量集中处于一个较小的取值范围①，在该范围内线性与半对数型函数形式差别并不明显，因而前文中选择哪种函数形式并不是一个非常重要的问题，对分析结论的影响非常有限。

7.5 本章小结

在高度紧张的人地比例关系条件下，耕地资源的重新配置是促进耕地集中经营和实现农业规模经营的必要条件。本章在第 5 章探讨地块的空间特征

---

① 根据变量定义模型被解释变量农业规模经营程度的理论可取值范围为 [0, 100]，而实际样本该变量的均值为 16.44，中值为 4.8。

对流转市场资源配置影响和规模户与普通户对转入耕地空间特征偏好差异的基础上，着重考察以户均耕地面积和户均地块数量为代表的耕地资源禀赋对农业规模经营程度的影响。利用耕地资源禀赋差异明显的 4 个省份 128 个村的两期村级层面调查数据，实证分析耕地流转市场发育、资源禀赋对农业规模经营的影响，并进一步通过变量重设和工具变量法检验分析结果的稳健性，得到以下三个方面的研究结论：

（1）耕地流转市场发育对农业规模经营有显著的正向影响。流转耕地数量的扩大，一方面为耕地向少数经营者集中以形成规模经营创造了条件，有助于形成更多的规模户，从而增加规模户经营面积占比，以提高农业规模经营程度；另一方面从地块层面来看，区域内流转耕地数量的扩大意味着流转地块数量的增加，这一变化提高了流转市场中地块连片的概率，即有利于流转地块通过合并形成大地块，改善流转市场中地块分散化的特征。结合第 5 章的研究结论，可以推断流转市场中合并形成的大地块更倾向于流向规模户，提高流转耕地中规模户转入面积的占比，进而促进农业规模经营的发展。

（2）农业规模经营的发展会受到耕地资源禀赋的约束，表现为耕地资源丰裕地区的农业规模经营程度高于耕地匮乏地区，耕地细碎化程度高的地区的农业规模经营程度低于耕地细碎化程度低的地区。相对于户均耕地面积较小的地区，户均耕地面积较大的地区通过连片达到地块规模经济"面积门槛"所需地块数量更少，流转市场中的耕地形成连片的概率越高，流转市场耕地集中化程度越高，流向规模户或形成规模户的可能性越大，相应区域的农业规模经营程度也越高，从而强化了耕地流转市场对农业规模经营的促进作用。然而，相对于户均地块数量较少的地区，户均地块数量较多的地区的流转市场中的耕地分布更零散，连片形成面积达到"面积门槛"地块的概率越低，流转市场耕地分散化的程度越高，耕地流向规模户或形成规模户的可能性越小，相应的规模经营水平也越低，进而弱化了耕地流转市场对农业规模经营的促进作用。

（3）耕地流转市场的扩大对农业规模经营的发展有加速的促进作用。随着耕地流转市场的发育，新增地块与市场中原有地块连片的概率将逐渐变大，而连片的大地块更倾向于流向规模户，那么流转市场中规模户转入的面积占比将呈递增的趋势扩大，意味着耕地流转市场的发育将带来农业规模经营的加速发展。

本章的研究能够解释地区之间农业规模经营发展的不平衡，除了耕地流转市场发育程度不同外，地区耕地资源禀赋特征是影响农业规模经营的发展的重要因素。研究的结论可能还具有以下几点含义：第一，推动农业规模经营发展的关键在于进一步扩大耕地流转市场，更大规模的耕地流转能够有助于耕地的集中经营和形成更多的规模户，提高农业规模经营程度，另外，有利于弱化流转市场中耕地空间特征的异质性，促进更大比例的耕地流向规模户，加快农业规模经营的发展。第二，适度的耕地整合有利于农业规模经营发展，不仅有助于流转市场耕地资源的集中利用，增加耕地流向规模户或转入耕地形成规模户的可能性，而且能够提高土地价值以增加转出户收入。第三，充分认识农业发展中的地区差异，引导农业规模经营发展应因地制宜。除了创造更多的非农就业机会以促进耕地流转市场发育外，依据资源禀赋特征进行实用性技术和机械的研发与推广，以及构建和完善农业公共服务体系，为农业规模经营的发展创造条件和技术支持。第四，充分认识农业规模经营的发展需要一个过程。当前流转市场耕地零散分布的原因除产权细碎化外，还在于耕地流转率不高。随着劳动力转移和人口老龄化的发展，以及农村养老保障制度的完善，耕地流转比例的提高能够增加流转市场中地块相连的概率，弱化流转市场耕地空间特征的异质性，对农业规模经营的发展也具有促进作用。

| 第8章 |

人口老龄化、收入结构与农业规模
经营发展趋势

前文第5~7章分析了耕地流转市场资源配置
的一般规律和与农业规模经营的内在联系，根据
已有结论可知流转市场的发育及耕地的禀赋特征
是影响农业规模经营发展的重要因素。本章将在
第7章的基础上进一步探讨耕地流转市场与农业
规模经营发展的动态关系，以判断在当前耕地流
转规模不断扩大背景下，我国农业规模经营的发
展趋势。一方面，有助于加深对耕地流转市场与
农业规模经营内在关系的理解和认识；另一方面，
为政府支持农业规模经营发展的政策选择提供理
论和实证参考。现阶段流转市场中耕地流向规模
户的占比不高，其重要影响因素在于流转市场的
耕地零散分布。然而，随着耕地流转比率的提高，
地块零散分布的状态将逐渐改善，意味着农业规
模经营的发展将呈现变化。因此，我国农业规模

经营的发展，归根结底在于耕地流转市场是否能进一步扩大。

一直以来，以耕地为基础的农业生产是解决农村劳动力就业的重要途径，也是农户家庭收入的重要来源。一方面，随着时间的推进，人口年龄的自然增长和农村青壮年劳动力的持续转移，带来农业劳动力人口数量的减少和老龄化，是否会促进农户耕地的转出和耕地流转市场的发展？另一方面，非农就业机会的增加促进了农户收入的增长，尤其是非农收入的增长速度明显高于农业收入的增速，带来家庭收入中农业收入的占比逐渐下降，鉴于劳动力市场与耕地市场相互关联（Yao，2000），其能否促进耕地流转市场的进一步扩大？分析以上两个问题，有助于理解和判断农村人口老龄化与收入结构对于耕地流转市场的影响，进而判断我国农业规模经营的发展趋势。本章的意义一方面在于从一个新的视角考察劳动力市场变化对耕地流转市场的影响，另一方面在于从发展的视角考察耕地流转市场与农业规模经营的联动关系。

8.1　影响耕地流转市场发展的因素分析

前文理论与实证分析结果表明随着耕地流转市场的发育，新增耕地与原地块连片的概率将逐渐变大，意味着耕地流转市场的发育将带来农业规模经营的加速发展。因此，预测农业规模经营未来发展趋势的关键，在于判断哪些因素的变化将促进耕地流转市场规模的扩大。

欲判断耕地流转市场的变化趋势，需要考虑两个方面：第一，什么类型的农户更倾向于转出耕地？由于流转市场中的耕地来源于承包户，其转出耕地的决策会受到什么因素的影响，这是判断流转市场能否扩大的基础。第二，这种类型的农户占比将如何变化？流转市场中耕地的总量一方面取决于微观个体（农户）转出的耕地数量，另一方面取决于转出耕地的农户的比例，从整体层面分析转出耕地农户数量或比例的变化，有助于判断耕地流转市场的发展趋势。

从农户角度来看，耕地作为一种重要生产要素，一方面承载着家庭劳动力的就业，另一方面是家庭收入的重要来源。随着时间的推移，人口年龄的增长伴随着已有劳动力的老龄增长和劳动力的代际更替，劳动力老龄的增长将带来农户整体劳动能力的衰退和劳动力数量的减少，而代际更替中由于"新生代"劳动力务农意愿不足（许恒周、郭玉燕，2012；何军、李庆，2014；诸培新、杨子，2017）将带来农业劳动力的"入不敷出"，直接影响农户农业生产的可能性，转出部分经营耕地或完全退出农业经营将成为老龄化家庭的必然选择。与此同时，随着非农就业市场的发展，非农就业工资率高于农业，且工资率的增长速度亦如此，农业劳动力的兼业化和非农化成为一种趋势，带来农户收入持续增长的同时，农户的收入结构呈现非农化特点，依赖耕地经营的农业收入在农户收入中的占比持续下降，耕地对于农户的重要性逐渐降低，因而非农收入占比高的农户会更倾向于转出耕地（赵光、李放，2012；江淑斌、苏群，2012；赵军洁、吴天龙，2018）。总的来说，随着时间的推移，现有农户中劳动力老龄化和非农收入占比高的农户，在未来更有可能选择转出耕地，且可能倾向于转出更大比例的耕地。

从流转市场来看，流转耕地总量的扩大依赖于更多数量的农户转出耕地。那么，未来具有老龄化和高非农收入特征的农户的数量将如何变化，决定了流转市场进一步扩大的潜力。从这个角度看，系统地分析当前农业劳动力的年龄结构，可以判断未来农业劳动力数量的变化；统计近年来农户收入和非农收入的情况，可以为判断农户收入结构的变化提供依据。因此，后文将从村庄层面统计人口老龄化程度和收入结构变化两个方面，分析耕地流转市场进一步扩大的可能性和趋势，进而预测我国农业规模经营的发展趋势。

8.2　考察：影响耕地流转市场的因素发展趋势

8.2.1　数据介绍

本章考察耕地流转市场发育与农业规模经营发展的动态关系，关键在于分析人口老龄化和收入结构的变化趋势。鉴于当前农村人口流动频繁，常年异地打工、有事外出、搬迁等农户遗漏可能造成分析的偏差，一个完整的农户普查样本较难获取，本书考虑采用两种途径减弱影响：第一，农户层面的追踪调查，通过追踪调查可以分析农户经营规模的动态变化，比较和判断转出耕地的农户是否存在异质性，以及不同转出比例的农户特征差异；第二，村层面的整体调查，可以从整体层面判断人口老龄化、收入结构、耕地流转和规模经营的变化趋势，并分析其内在联系，以补充农户层面可能由于调查样本选择偏差造成的分析结果的偏误。

南京农业大学"粮食规模化生产情况"课题组分别于 2015 年、2018 年在黑龙江、河南、浙江、四川 4 个省份 128 个村开展的追踪调查调查，调查主要内容涵盖农户和村庄两个层面，其中：农户层面包括家庭人口和就业基本信息、农业生产投入产出情况、经济收入和消费支出等情况，村庄层面包括村人口和就业基本信息、耕地资源禀赋和流转情况、农业规模基本情况、村收入水平和结构等信息。基于农户和村庄两个层面的调查，可以初步判断农户劳动力年龄结构与收入结构变化对耕地经营的影响，并进一步从村庄层面分析人口老龄化和收入结构非农化趋势下耕地流转市场和农业规模经营的变化情况，为宏观层面的判断提供数据支撑和参考依据。

2018 年调查数据①包含的人口样本统计情况如表 8 – 1 所示，其中包含了分省份统计的农户、人口、劳动力、农业劳动力数据，及农户经营耕地总量。表 8 – 1 的统计数据显示样本农户、人口和劳动力的省份分布均匀，其中：各省份农户样本占比差别不足 1%，而人口、劳动力和农业劳动力占比差别不足 5%。进一步计算各省份户均数量，整体样本的户均人口数量为 4.15 人，户均劳动力数量约为 2.79 人，其中农业劳动力数量为 1.93 人。从各省份数据来看，户均劳动力和农业劳动力数量的差异并不明显，其中均值最高省份

---

① 2018 年数据为 2015 年数据的追踪调查，其中：2015 年村庄样本在 2018 年调查时全部追踪到，而 2015 年农户样本在 2018 年追踪调查时，由于存在农户退出农业经营、有事外出等原因导致部分样本漏出，调查时也进行了部分补样，2015 年农户样本量为 1040 个，2018 年为 1033 个。本章描述性统计分析时，根据论述分析的必要性仅选取部分年份数据，在分析时已逐一注明。

与最低省份的差值分别为 0.44 人、0.47 人。

表 8−1   调查样本农户、人口和耕地经营信息统计

省份	农户		人口		劳动力		农业劳动力		经营耕地	
	数量（户）	占比（%）	数量（人）	占比（%）	数量（人）	占比（%）	数量（人）	占比（%）	面积（亩）	占比（%）
黑龙江	257	24.88	1016	23.69	651	22.53	526	26.33	50030.4	51.76
河南	260	25.17	967	22.55	708	24.50	421	21.07	20300.5	21.00
浙江	252	24.39	1230	28.68	751	25.99	527	26.38	16317.7	16.88
四川	264	25.56	1076	25.09	780	26.99	524	26.23	10002.1	10.35
合计	1033	—	4289	—	2890	—	1998	—	96650.8	—

注：①劳动力是指调查样本农户 2018 年有参与劳动的 16 岁以上的人口；②农业劳动力是指调查样本农户 2018 年有参与农业生产的 16 岁以上的人口；③经营耕地是指调查样本农户 2018 年种植耕地的总面积，包括承包耕地和转入耕地。

资料来源：根据 2018 年调查中农户数据统计整理。

同时，从统计的农户耕地经营面积来看，整体样本户均经营耕地面积为93.5 亩，但各省份之间差异明显，最高的是黑龙江的 194.6 亩/户，约为最低的四川的 37.9 亩/户的 5.13 倍。主要原因一方面在于耕地资源初始禀赋差异明显，另一方面是流转市场发育程度不同导致资源重新配置的结果。无论是在省内，还是省份之间，调查样本经营耕地面积均存在显著差异，能够基本反映当前农业经营户的基本情况。

8.2.2 人口老龄化与收入结构非农化的发展趋势

8.2.2.1 人口老龄化的发展趋势

随着人口和社会的发展，农业劳动力减少的主要原因有：第一，人口整体的老龄化，带来劳动力增长的数量小于劳动力退出的数量。第二，新增劳

动力务农的意愿降低，或原有务农劳动力的退出，导致农业劳动力的流失。统计两期调查数据中样本村60岁以上人口占比数据，如表8-2所示。统计显示，样本村庄在2014年和2017年60岁以上人口占比均值分别为23.87%、25.08%，均显著高于全国同期60岁以上人口占比的15.5%、17.3%[①]，无论是占比还是增幅，样本村的人口老龄化程度均显著高于全国整体平均水平。如表8-2所示：2014~2017年，样本村庄中60岁以上人口占比处于20%~30%的村数量占比明显增加，而低于20%的村数量明显减少，充分表明随着时间的推移，农村地区的人口整体呈明显的老龄化趋势。

表8-2 样本村60岁以上人口占比统计

年份	占比					
	(0, 10%]	(10%, 20%]	(20%, 30%]	(30%, 40%]	(40%, 100%]	总体
2014	4.69	39.84	35.94	13.28	6.25	23.87
2017	5.47	31.25	43.75	14.84	4.69	25.08

资料来源：根据2015年和2018年村庄调查数据统计整理。

如图8-1所示，统计了调查样本农户2017年所有劳动力的年龄分布，整体呈纺锤形。整体样本劳动力的男女性别比约为1.23，平均年龄为46.9岁。从年龄分布来看，20岁以下、20~30岁、30~40岁、40~50岁、50~60岁、60~70岁和70岁以上的劳动力占比分别为1.31%、16.26%、19.24%、20.21%、20.42%、18.13%、4.43%。结合图与数据的分析可知：60岁以下各年龄段的占比逐渐降低，意味着随着时间的推移，老龄劳动力逐步退出而得不到相应数量的补充，将会带来劳动力总量的减少。

值得注意的是，这种趋势在农业劳动力中更加突出。如图8-2所示为调查样本农户2017年所有务农人口的年龄分布，也呈纺锤形。整体样本务农人口的男女性别比约为1.28，平均年龄为52.4岁。从年龄分布来看，30岁以

---

① 老龄化加速，我们准备好了吗？[EB/OL]. 半月谈网，http://www.banyuetan.org/chcontent/jrt/2018413/248755.shtml，2018-04-18.

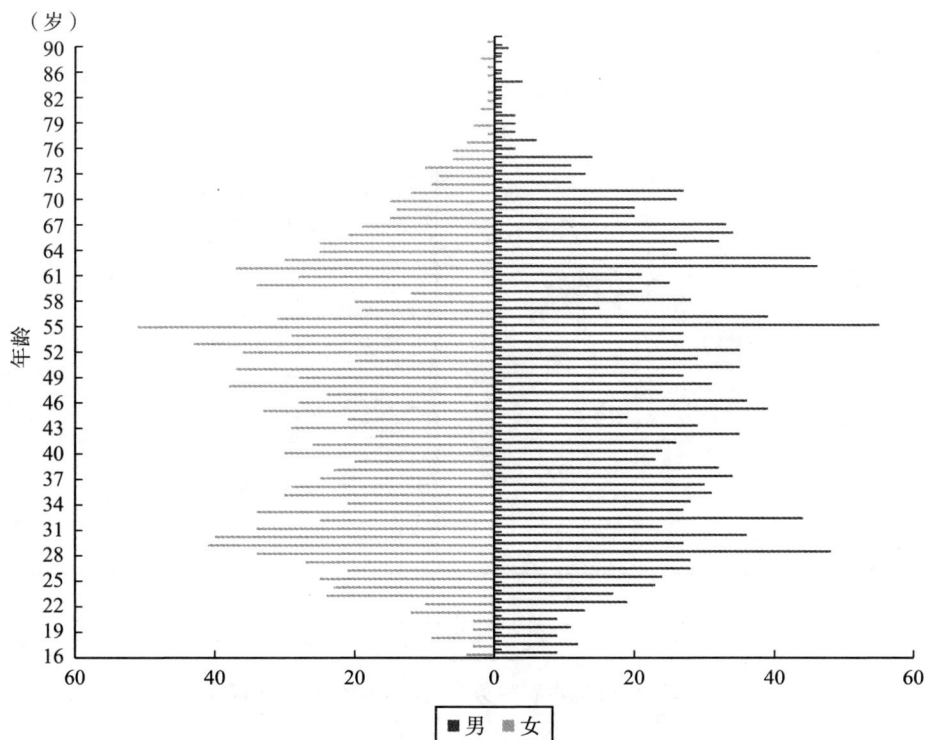

图 8 - 1　调查样本农户劳动力年龄分布（2017 年）

下 30 ~ 40 岁、40 ~ 50 岁、50 ~ 60 岁、60 ~ 70 岁和 70 岁以上的劳动力占比分别为 6.41%、12.76%、22.42%、27.83%、24.42%、6.16%。数据显示，务农人口主要集中于 40 ~ 70 岁年龄段，其中以 50 ~ 60 岁年龄段的占比最高。在 40 岁以前的年龄段，随着年龄的减小其务农人口数量锐减，意味着在未来一段时间，务农人口数量将出现大幅减少。以当前 30 ~ 40 岁年龄段为例，即使该年龄段的务农人口全部持续从事农业生产，10 年后 40 ~ 50 岁年龄段的务农人口数量将减少 47.74%，20 年后 50 ~ 60 岁年龄段的务农人口数量将减少 54.14%，该项估计是基于该年龄段的务农人口不退出的前提，倘若考虑部分务农人口转移至非农部门，以上估计的务农劳动力的减少幅度将进一步扩大。

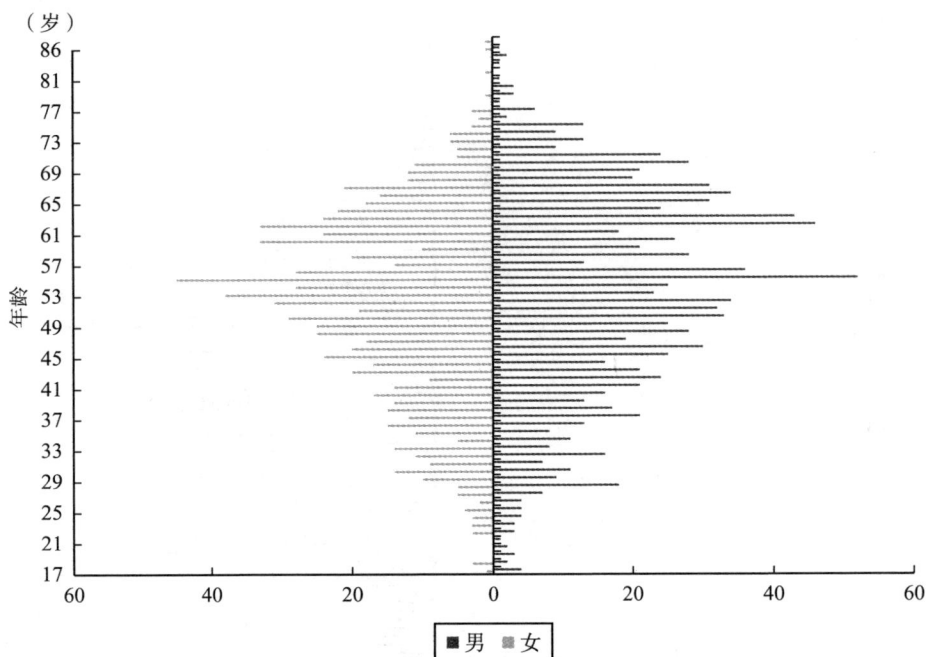

图 8 - 2　调查样本农户务农人口年龄分布（2017 年）

与此同时，结合整体劳动力与务农劳动力的比例来看，30 岁以下、30～40 岁、40～50 岁、50～60 岁、60～70 岁的各年龄段中选择务农的劳动力数量占比分别为 25.20%、45.86%、76.71%、94.23% 和 93.12%。由此可见，随着年龄的降低，选择务农的劳动力占比越来越小，意味着新增劳动力选择务农的意愿将明显减弱。按以上不考虑现有务农人口转移的前提，并简单假定劳动力 75 岁后退出，以总人口数量粗略估计，10 年后务农人口数量将减少 18.87%，20 年后务农人口数量将减少 46.90%。随着人口年龄结构的老龄化，农村劳动力的代际更替将出现入不敷出，年轻代农村人口的务农意愿低，而非农化将加剧该发展趋势。

8.2.2.2　收入结构非农化的发展趋势

随着农村劳动力转移和兼业数量的增加，农户收入结构发生了重要变化。据《中国农村统计年鉴》数据显示，我国农村家庭人均收入中农业收入占比逐渐降低，从 1996 年的 42.5% 降至 2006 年的 31.7%，再降至 2016 年的 26.4%，而这其中依旧包含大量完全退出农业经营的农户收入。

表 8-3 中统计了两期的村级调查数据中村人均非农收入占比情况，2014 年和 2017 年村人均非农收入占比均值分别为 58.41%、67.42%，其中非农收入占比低于 20% 的村庄比例由 6.25% 降至 0.78%，降低约 5.47 个百分点；而非农收入占比超过 80% 的村组比例由 7.03% 升至 20.31%，提高了 13.28 个百分点。整体而言，农村居民收入的结构正在经历巨大变化，非农收入逐步成为农户收入的最主要来源。然而，由于村人口结构、劳动力转移比例等因素的影响，村层面的统计仅能反映农村收入结构变化的概貌，而分析农户收入及结构变化的特征及对耕地流转市场的影响，需要进一步考察农户层面的收入结构及变化。

表 8-3 样本村庄居民非农收入占比情况

年份	占比				
	(0，20%]	(20%，40%]	(40%，60%]	(60%，80%]	(80%，100%]
2014	6.25	17.97	26.56	42.19	7.03
2017	0.78	14.06	20.00	45.31	20.31

资料来源：根据 2015 年和 2018 年村庄调查数据统计整理。

如表 8-4 所示，统计了样本农户家庭收入中非农收入占比。整体来看，2014 年和 2017 年农户收入中非农收入占比分别为 45.3%、49.7%，其中：非农收入占比不足总收入 20% 农户数量占比由 38.43% 降至 34.27%，降低约 4.16 个百分点；而非农收入占比超过总收入 80% 的农户占比由 26.43% 升至 30.01%，提高了 3.58 个百分点。总的来说，农户中非农收入的占比呈现两极分化，可能的原因是乡村非农就业机会不多，带来农户兼业的比例相对较少，有能力和机会外出务工的劳动力均会选择外出务工，而缺少机会的会选择从事农业生产，从而造成了家庭收入中非农收入占比的两极分化。随着时间的推移，农户非农收入比重呈现增加的趋势。

表 8 - 4   样本农户家庭非农收入占比情况

年份	占比				
	(0，20%]	(20%，40%]	(40%，60%]	(60%，80%]	(80%，100%]
2014	38.43	9.97	11.52	13.65	26.43
2017	34.27	10.16	11.33	14.23	30.01

资料来源：根据 2015 年和 2018 年农户调查数据统计整理。

值得注意的是，村级层面农户收入结构的统计情况与农户层面存在一定差异，主要原因是样本选择范围不同，具体而言：村庄层面统计的范围是行政村内所有农户，包括完全从事农业生产、兼业户和完全不从事农业生产的家庭；而农户层面的统计范围是在调查年度有从事农业生产的农户，完全退出农业经营的农村家庭样本不包含在农户样本中。从整体来说，尽管农户样本的选择存在偏差可能导致分析结果的偏误，但理论上讲完全退出农业生产的农村家庭，已经转出承包耕地，其后选择重新从事农业生产的可能性和比例均不高，进一步分析其对于耕地流转市场的影响的意义并不大。相反，分析当前有经营耕地的农户的流转行为，对于研究耕地流转市场发展的意义更为明显。

8.2.2.3 农业规模经营的发展趋势

为考察农业规模经营程度的发展趋势，根据前文关于农业规模经营程度的定义"村规模户经营面积占村耕地面积的比例"，分别统计了两期处于不同规模经营程度的村数量如表 8-5 所示。一方面，能够反映调查样本村农业规模经营的发展水平，另一方面，通过年份间的对比可以粗略判断农业规模经营的发展趋势。

表 8 - 5   农业经营规模水平和发展情况统计

年份	(0，5%]		(5%，10%]		(10%，20%]		(20%，50%]		(50%，100%]	
	数量（个）	占比（%）	数量（个）	占比（%）	数量（个）	占比（%）	数量（个）	占比（%）	数量（个）	占比（%）
2014	70	54.69	11	8.59	10	7.81	23	17.97	14	10.94
2017	59	46.09	5	3.91	23	17.97	23	17.97	18	14.06

资料来源：根据 2015 年和 2018 年村庄调查数据统计整理。

表 8 – 5 中统计数据显示：2014 年规模经营面积不足耕地总面积的 5% 的村庄占比达到 54.69%，而规模经营面积超过耕地总面积 50% 的村庄占比仅为 10.94%；2017 年两组的比例分别为 46.09% 和 14.06%，较 2014 年分别减小 8.60% 和提高 3.12%。从两期数据各组对比来看，规模经营程度不足10% 的村庄数量占比降低，而超过 10% 的各组占比均有提高，表明了农业规模经营程度有所上升，但整体水平仍不高，进一步统计 2014 年和 2017 年样本村农业规模经营平均水平分别为 14.44% 和 18.45%。

8.3 人口老龄化、收入结构与农业规模经营发展趋势

8.3.1 计量经济模型设定与变量选择

前文探讨了劳动力和收入结构对于农户耕地流转决策的影响，并进一步分析了现阶段农业劳动力老龄化和收入结构非农化的现状及发展趋势，从而推断未来农业规模经营的发展趋势。从耕地流转市场来看，能否进一步扩大取决于是否有农户持续转出耕地，需要考虑哪一类型的耕地经营户会转出耕地。因此，本节将在分析现有耕地经营户中转出耕地的农户特征的基础上，从村整体层面考察人口老龄化和收入非农化对农业规模经营发展的影响。

8.3.1.1 农户耕地流转决策模型

本节的重点在于分析现有耕地经营户的劳动力年龄和收入结构对流转决策的影响，将分为两步进行：第一步，考察劳动力年龄和收入结构对是否减小耕地经营面积的影响，构建模型如下：

$$Y^* = \alpha + \beta_1 \times Labor_i + \beta_2 \times Income_i + \gamma \times X_i + \varepsilon_i \qquad (8-1)$$

式（8 – 1）中 Y^* 为是否转出耕地的潜变量，若 $Y^* > 0$ 则 $Y_i = 1$；否则 $Y_i = 0$。其中，Y_i 表示 2014 年有经营耕地的农户 i 在 2014～2017 年是否转出了耕地，即减小了经营规模。考虑到农户可能不会完全退出经营，进一步考察劳动力年龄和收入结构对农户经营规模减小比例的影响，设定模型如下：

$$Rate_i = \alpha + \beta_1 \times Labor_i + \beta_2 \times Income_i + \gamma \times X_i + \varepsilon_i \qquad (8-2)$$

式（8-2）中：$Rate_i$ 表示有耕地转出的农户 i 转出耕地的比例，即减少的耕地面积占 2014 年经营面积的比例。式（8-1）和式（8-2）中的变量 $Labor_i$ 表示农户 i 在 2014 年时家庭劳动力数量，为具体衡量不同年龄段劳动力的差异，将其划分为 40 岁以下、40~60 岁、60 岁以上三类；变量 $Income_i$ 表示农户 i 在 2014 年家庭收入中非农收入占比，即非农收入与总收入的比值。X_i 为系列控制变量，主要包括 2014 年是否有原值超过 5000 元的农业机械、农户户主的基本特征、乡镇内是否有 50 人以上的企业、是否为乡镇郊区村、农户承包耕地是否确权、转出耕地是否有补贴。

根据式（8-2）的设定，选择主要变量的定义、赋值及描述性统计如表 8-6 所示。

表 8-6　　　　　　　　农户层面实证模型的变量定义和描述

变量定义及赋值	观测值	均值	标准差
2014~2017 年是否转出耕地（1 = 是；0 = 否）	1033	0.34	0.47
转出面积占 2014 年经营面积的比例	350	0.52	0.30
2014 年家庭劳动力数量（人）	1033	2.78	1.20
其中：40 岁以下劳动力数量（人）	1033	1.01	0.96
40~60 岁劳动力数量（人）	1033	1.14	0.91
60 岁以上劳动力数量（人）	1033	0.63	0.81
2014 年家庭收入中非农收入占比	1033	0.55	0.37
2014 年是否有原值超过 5000 元的机械（1 = 是；0 = 否）	1033	0.49	0.50
户主年龄（岁）	1033	57.03	10.84
户主受教育程度（年）	1033	6.84	3.2
户主性别（1 = 男；0 = 女）	1033	0.97	0.18
乡镇内是否有 50 人以上的企业（1 = 是；0 = 否）	1033	0.44	0.50
是否为乡镇郊区村（1 = 是；0 = 否）	1033	0.23	0.42
农户承包耕地是否确权（1 = 是；0 = 否）	1033	0.87	0.33
转出耕地是否有补贴（1 = 是；0 = 否）	1033	0.15	0.36

资料来源：根据 2015 年和 2018 年农户调查数据统计整理。

8.3.1.2　农业规模经营影响因素模型

为考察人口老龄化和收入非农化对农业规模经营发展的影响，将从村级层面数据进行验证，具体而言，分别以村60岁以上人口占比衡量人口老龄化和人均收入中非农收入占比考察收入结构，构建模型如下：

$$S\_rate_{it} = \alpha + \beta_1 \times Labor_{it} + \beta_2 \times Income_{it} + \gamma \times X_{it} + \varepsilon_{it} \qquad (8-3)$$

式（8-3）中：S_rate_{it}表示村庄i在时期t的农业规模经营程度，参照第7章用村内规模户经营面积占耕地总面积的比例表示。关键解释变量$Labor_{it}$表示村庄i在时期t的60岁以上人口占总人口的比例，$Income_{it}$表示村庄i在时期t的人均收入中非农收入占比。X_{it}为系列控制变量，主要包括村人均收入水平、本村耕地是否确权、本村规模经营是否有政府补贴、本村是否有耕地流转补贴、本村耕地流转是否需要村集体协调、本村所在乡镇是否有50人以上的企业、村委到县政府的距离、村地形特征。

根据式（8-3）的设定，选择主要变量的定义、赋值及描述性统计如表8-7所示。

表8-7　　　　　　　　村级层面实证模型的变量定义和描述

变量赋值	观测值	均值	标准差
规模户经营面积与村耕地面积的比值（%）	256	16.44	22.52
本村人口中60岁以上人口比例（%）	256	24.48	9.89
本村人均收入中非农收入占比（%）	256	37.08	20.23
村人均收入水平（是否高于本市村平均水平？1=是；1=否）	256	0.45	0.5
本村耕地是否确权（1=是；0=否）	256	0.54	0.5
本村规模经营是否有政府补贴（1=是；0=否）	256	0.41	0.49
本村是否有耕地流转补贴（1=是；0=否）	256	0.27	0.44
本村耕地流转是否需要村集体协调（1=是；0=否）	256	0.36	0.48
本村所在乡镇是否有50人以上的企业（1=是；0=否）	256	0.38	0.49
村委到县政府的距离（公里）	256	29.88	21.85

变量赋值	观测值	均值	标准差
村地形特征（1 = 平原；2 = 丘陵；3 = 山地）	256	1.59	0.54
年份（0 = 2014 年；1 = 2017 年）	256	0.50	0.50

资料来源：根据 2015 年和 2018 年村庄调查数据统计整理。

8.3.2 数据的描述性统计

8.3.2.1 农户经营面积与耕地转出情况

为了能够分析人口和收入结构对农户耕地转出行为的影响，首先需要比较不同规模农户参与流转市场是否存在差异，根据农户样本 2014 年经营面积大小进行排序，然后分组统计农户耕地转出情况如表 8 - 8 所示。整体来看，调查样本中有 33.88% 的农户转出了耕地，其中：经营面积在 4 ~ 10 亩、10 ~ 30 亩的农户中转出了耕地的农户比例分别为 26.57%、22.36%，稍高于其他面积组。从转出比例来看，转出户的转出比例的均值为 51.57%，其中：经营面积在 0 ~ 4 亩的农户转出比例达到 66.04%，高于其他面积组的比例，且转出户的转出面积占比大致随着经营面积的扩大而降低。

表 8 - 8 农户经营面积与耕地转出情况统计

2014 年农户经营面积（亩）	户数（户）	占比（%）	2014 ~ 2017 年经营面积减小的农户		
			户数（户）	占比（%）	转出比例（%）
(0, 4]	162	15.68	49	14.00	66.04
(4, 10]	235	22.75	93	26.57	52.98
(10, 30]	220	21.30	79	22.57	47.64
(30, 100]	209	20.23	64	18.29	51.86
(100, +∞)	207	20.04	65	18.57	43.14
合计	1033	100	350	33.88	51.57

资料来源：根据 2015 年和 2018 年农户调查数据统计整理。

8.3.2.2 农户特征与耕地转出行为

由于不同省份之间农户劳动力老龄化和收入结构存在差异，农户特征对耕地转的影响不仅在于省内不同特征农户的差异，还在于不同省份之间的差异，因而按省份分组比较转出组与非转出组农户特征的差异，如表 8-9 所示。

表 8-9　　　　　　　　　农户特征与耕地转出的关系统计

省份	农户		劳动力数量（人）				户主年龄（岁）	2014 年非农收入占比（%）
	数量（户）	占比（%）	总量	40 岁以下	40~60 岁	60 岁以上		
黑龙江	257	25	2.52	1.09	1.21	0.21	49.75	25
非转出组	191	74	2.62	1.14	1.24	0.25	49.85	24
转出组	66	26	2.21	0.95	1.14	0.12	49.48	27
河南	260	25	2.72	0.75	1.09	0.88	60.87	57
非转出组	135	52	2.69	0.73	1.18	0.78	58.77	48
转出组	125	48	2.75	0.77	0.99	0.99	63.14	66
浙江	252	24	2.94	1.22	1.10	0.62	57.45	53
非转出组	178	70	2.94	1.17	1.17	0.61	56.60	52
转出组	74	30	2.93	1.34	0.93	0.66	59.49	54
四川	264	26	2.94	0.99	1.15	0.80	59.95	46
非转出组	179	68	2.96	0.95	1.22	0.78	59.42	45
转出组	85	32	2.89	1.07	0.99	0.84	61.06	47
合计	1033	—	2.78	1.01	1.14	0.63	57.03	45
非转出组	683	66	2.81	1.02	1.20	0.59	55.88	43
转出组	350	34	2.72	1.00	1.01	0.72	59.29	50

资料来源：根据 2015 年和 2018 年农户调查数据统计整理。

整体来看，不同省份转出户数量占比存在明显差异，有 33.88% 的农户在调查期内转出了耕地，其中：河南转出耕地的农户占比最高，达到了

48%；然后从高到低依次为四川、浙江和黑龙江，分别为 32%、30% 和
26%。从户均劳动力数量来看，省份之间的差异不大，且转出组与非转出组
的基本无差异，但劳动力的年龄结构存在一定差异，例如，在耕地资源禀赋
较差的浙江，转出组的 40 岁以下劳动力数量明显高于非转出组，而在耕地资
源相对充裕的黑龙江，非转出组的 60 岁以下劳动力数量明显高于非转出组。
从户主年龄来看，4 个省份样本户主平均年龄达到 57.03 岁，河南、浙江和
四川 3 个省份的户主年龄均明显高于黑龙江，河南转出组的户主平均年龄明
显高于非转出组。从非农收入占比看，4 个省份样本的平均非农收入占比达
到 45%，河南、浙江和四川 3 个省份的非农收入占比明显高于黑龙江，且 4
个省份转出组的非农收入占比均高于非转出组，其中黑龙江、河南、浙江和
四川 4 个省份分别高出 3%、18%、2% 和 2%。

8.3.2.3 不同时期样本村庄农业规模经营情况

由于省份之间耕地资源禀赋差异明显，人口年龄结构和收入结构的变化
对于农户耕地资源配置决策的影响可能存在差异，而这将直接影响耕地流转
市场和农业规模经营的发展，因而分省统计了两期村庄人口和收入结构与农
业规模经营的关系（见表 8-10）。

表 8-10　不同阶段人口老龄化、收入结构与农业规模经营程度的统计

年份	省份	村级层面的农业规模经营程度							
		按村 60 岁人口占比分组				按非农收入占比分组			
		低于 25% 组		高于 25% 组		低于 65% 组		高于 65% 组	
		占比	均值	占比	均值	占比	均值	占比	均值
2014	黑龙江	66.67	32.53	33.33	24.93	95.83	28.10	4.17	73.60
	河南	75.00	19.72	25.00	35.24	31.25	24.73	68.75	23.08
	浙江	87.50	15.56	12.50	4.60	62.50	10.53	37.50	20.30
	四川	50.00	1.20	50.00	4.02	51.79	1.61	48.21	3.68
	合计	64.06	15.18	35.94	13.11	56.25	14.33	43.75	14.52

续表

年份	省份	村级层面的农业规模经营程度							
		按村 60 岁人口占比分组				按非农收入占比分组			
		低于 25% 组		高于 25% 组		低于 65% 组		高于 65% 组	
		占比	均值	占比	均值	占比	均值	占比	均值
2017	黑龙江	45.83	33.36	54.17	36.78	91.67	33.13	8.33	58.20
	河南	71.88	21.57	28.13	31.86	21.88	20.14	78.13	25.67
	浙江	87.50	22.79	12.50	16.45	31.25	19.94	68.75	22.94
	四川	50.00	6.88	50.00	6.75	25.00	9.07	75.00	6.06
	合计	59.38	18.09	40.63	18.98	37.50	22.84	62.50	15.82

资料来源：根据 2015 年和 2018 年村庄调查数据统计整理。

如表 8-10 所示：从整体情况来看，与 60 岁人口比例低于 25% 的村庄组相比，高于 25% 的村庄组的规模经营程度并无显著差异；与非农收入占比低于 65% 的村庄组相比，非农收入占比高于 65% 的村庄组的规模经营程度稍高，但省份之间的样本在老龄化程度、非农收入占比及规模经营情况均存在一定差异。同时，比较不同分组两期数据来看，2017 年农业规模经营程度普遍高于 2014 年，不同组别的发展情况也存在较大差异。一方面，表现在 60 岁以上人口占比和非农收入占比的发展情况，例如，调查村样本中黑龙江 60 岁以上人口比例高于 25% 的村庄数量占比由 2014 年的 33.33% 提高到 2017 年的 54.17%，占比提高了 20.84%，而同期河南占比仅提高了 3.13%，其间浙江和四川的非农收入占比低于 65% 的村庄数量占比分别减少了 31.25%、26.79%，而河南和黑龙江两省的占比仅降低了 9.37%、4.16%；另一方面，表现在不同组别的规模经营发展情况，如与调查村样本 2014 年规模经营程度相比，2017 年黑龙江 60 岁以上人口比例高于 25% 的村庄组提高了 11.85%，远高于其比例低于 25% 村庄组的 0.83%，同时 2017 年河南非农收入占比高于 65% 的村庄组提高了 2.6%，也高于其比例低于 65% 村庄组。以上分析表明不同老龄化程度和非农收入占比的地区的农业规模经营发展存在一定差异，而是否存在系统性差异需要进一步的实证检验。

8.3.3　模型实证结果分析

8.3.3.1　农户转出经营耕地决策模型实证结果分析

如表 8 - 11 所示，列出了农户转出耕地决策模型的实证分析结果，其中：模型（1）和模型（2）汇报了采用 Logit 模型分析农户是否转出耕地的估计结果，模型（3）汇报了采用线性模型分析影响转出户转出面积比例因素的估计结果。模型（1）中的关键解释变量为 2014 年家庭非农收入占比和劳动力数量，鉴于不同年龄劳动力的就业偏好可能存在差异，模型（2）中进一步将家庭劳动力分解为 40 岁以下、40 ~ 60 岁和 60 岁以上三组进行了估计；模型（3）中的关键解释变量为 2014 年家庭非农收入占比和各年龄段劳动力数量。以上模型均采用 OLS 法进行估计，为控制模型扰动项的异方差、自相关以及异常值可能的影响，本节对所有模型都采用了稳健估计。

表 8 - 11　　　　　　农户转出经营耕地的决策模型回归结果

变量名称	农户是否转出经营耕地		转出耕地面积占比
	模型（1）	模型（2）	模型（3）
2014 年家庭非农收入占比	0.429 ** (0.189)	0.417 ** (0.190)	0.169 *** (0.044)
2014 年家庭劳动力数量	− 0.110 * (0.058)	—	—
其中：40 岁以下劳动力数量	—	0.004 (0.072)	− 0.025 (0.016)
40 ~ 60 岁劳动力数量	—	− 0.261 *** (0.092)	− 0.061 *** (0.020)
60 岁以上劳动力数量	—	− 0.283 ** (0.125)	− 0.105 *** (0.025)
是否有原值超过 5000 元的农业机械	− 0.242 * (0.143)	− 0.260 * (0.145)	− 0.020 (0.035)

续表

变量名称	农户是否转出经营耕地		转出耕地面积占比
	模型（1）	模型（2）	模型（3）
户主年龄	0.026***	0.033***	0.006***
	(0.007)	(0.009)	(0.002)
户主受教育程度	0.022	0.022	-0.003
	(0.023)	(0.024)	(0.005)
户主性别	0.442	0.460	0.064
	(0.373)	(0.377)	(0.095)
乡镇内是否有 50 人以上的企业	-0.009	-0.016	-0.008
	(0.137)	(0.138)	(0.031)
是否为乡镇郊区村	-0.145	-0.138	-0.005
	(0.163)	(0.164)	(0.039)
农户承包耕地是否确权	-0.064	-0.055	-0.009
	(0.195)	(0.194)	(0.047)
转出耕地是否有补贴	0.153	0.169	-0.103***
	(0.189)	(0.190)	(0.038)
常数项	-2.042***	-2.281***	0.364**
	(0.639)	(0.671)	(0.176)
样本数	1033	1033	350
模型统计量	Wald chi^2 = 35.20 Prob > chi^2 = 0.000 Pseudo R^2 = 0.029	Wald chi^2 = 30.58 Prob > chi^2 = 0.000 Pseudo R^2 = 0.033	F(12, 341) = 4.24 Prob > F = 0.000 R^2 = 0.132

注：①括号内数据为估计系数的标准误；②*、**和***分别表示在 10%、5%和 1%的水平上显著。

资料来源：根据 2015 年和 2018 年村庄调查数据统计整理。

表 8－11 中模型（1）和模型（2）的估计结果显示，模型整体估计在 1%的水平显著，结果较稳健。从各变量的参数估计值来看：家庭非农收入占比对农户耕地转出决策有促进作用，且在 5%的统计水平上显著，即家庭非农收入占比越高的农户，转出耕地的可能性越高，具体而言非农收入占比在

均值处提高 1 个百分点，农户转出耕地的概率提高 9.25 个百分点。家庭劳动力数量对农户耕地转出决策有抑制作用，在 10% 的统计水平上显著，但同时不同年龄段劳动力数量对转出决策的影响方向和大小存在差异，具体而言：40 岁以下劳动力数量对农户转出经营耕地有促进作用，而 40～60 岁、60 岁以上年龄组的劳动力数量对耕地转出有抑制作用。主要原因在于不同的年龄组劳动力的就业偏好、非农就业能力等方面存在差异，导致不同年龄段劳动力在就业选择上存在异质性，并进一步体现在耕地转出决策上。尽管实证分析中劳动力数量并不直接反映人口老龄化对农户转出决策的影响，但从侧面来看随着家庭劳动力年龄的增长，其退出劳动的可能性逐步提高，劳动力数量的减少，尤其是 40 岁以上劳动力数量的减少，会导致农户转出耕地的可能性明显提升。

进一步分析农户劳动力数量和收入结构对转出户转出面积比例的影响，根据模型（3）的估计结果显示，模型整体估计在 1% 的水平显著，结果较稳健。从各变量的参数估计值来看：非农收入占比对农户耕地转出比例有促进作用，在 1% 的统计水平上显著，即农户收入结构中非农收入占比增加 1%，农户经营耕地转出比例提高 0.169 个百分点；各年龄组劳动力数量对农户经营耕地转出比例均有抑制作用，且随着年龄的增长抑制作用逐渐增强，具体而言 40 岁以下、40～60 岁和 60 岁以上三个年龄组劳动力数量分别增加 1 人，其经营耕地转出比例分别减少 2.51%、6.12% 和 10.5%，一方面能够反映各年龄段劳动力的就业选择存在异质性，另一方面意味着劳动力数量的减少对于耕地转出比例有正向促进作用，且在老龄组表现得更为显著，即随着年龄的自然增长退出劳动，带来劳动力数量的减少会促进农户转出更多的耕地。

与此同时，从其他控制变量的估计结果来看，变量"是否有原值超过 5000 元的农业机械"系数为负，表明其对农户耕地转出决策和比例均存在负向影响，即持有原值超过 5000 元的农业机械的农户转出经营耕地的可能性更小，而且转出耕地的比例也相对较少。主要原因在于持有机械的农户，特别是大型机械，往往具有更强的农业生产经营能力，其往往不会选择转出耕地。户主特征变量中"年龄"系数符号为正，且在 1% 的统计水平上显著，表明户主作为家庭的主要决策者和劳动力，其年龄的增长对家庭耕地的转出的可能性和比例均有正向影响，从侧面可以反映人口老龄化对农户参与耕地流转市场的影响。变量"转出耕地是否有补贴"对农户耕地转出决策有促进作用，而对转出比例有负向影响，但前者在统计上不显著，具体而言有流转补贴对农户转出耕地的比例较无补贴的农户低 10.3 个百分点，表明流转补贴是影响农户参与耕地流转市场的重要影响因素。

8.3.3.2 人口老龄化、收入结构与农业规模经营的实证结果分析

据分析框架可知：耕地流转市场的扩大与农业规模经营程度可能存在非线性的关系，所以在实证分析时将式（8-3）的被解释变量进行对数变换，比较其线性模型和半对数型模型估计结果的拟合程度，以此检验推断是否成立。如表 8-12 所示，模型（4）和模型（5）分别为人口老龄化、收入结构对农业规模经营发展影响的线性模型和半对数型模型的估计结果，两模型均采用 OLS 法的稳健估计。

表 8-12　　　　　人口老龄化、收入结构与农业规模经营

变量名称	线性模型	半对数模型
	模型（4）	模型（5）
本村 60 岁以上人口比例	0.188 * (0.105)	0.013 * (0.008)
本村人均收入中非农收入占比	0.084 (0.082)	0.002 (0.005)
村人均收入水平	1.785 (2.405)	0.259 (0.164)
本村是否有耕地流转补贴	2.652 (3.357)	0.217 (0.240)
本村规模经营是否有政府补贴	2.350 (3.194)	0.108 (0.213)
本村耕地是否确权	4.659 (3.534)	0.387 (0.245)

续表

变量名称	线性模型	半对数模型
	模型（4）	模型（5）
本村耕地流转是否需要村集体协调	1.480 (3.245)	-0.091 (0.226)
本村所在乡镇是否有50人以上的企业	-4.431* (2.677)	-0.441** (0.188)
村委到县政府的距离	0.103 (0.065)	0.007* (0.004)
村地形特征	-3.529 (3.821)	-0.243 (0.209)
年份	0.953 (3.769)	0.119 (0.252)
地区虚拟变量	已控制	已控制
常数项	31.700*** (8.823)	-1.726*** (0.519)
样本数	256	256
模型统计量	$F_{(14, 241)} = 10.36$ Prob > F = 0.000 $R^2 = 0.296$	$F_{(14, 2413)} = 26.68$ Prob > F = 0.000 $R^2 = 0.434$

注：①括号内的数据是估计系数的标准误；②*、**和***分别表示在10%、5%和1%的水平上显著。

资料来源：根据2015年和2018年村庄调查数据统计整理。

　　从模型（4）和模型（5）的估计结果比较来看，线性模型和半对数模型的总体显著性的F检验均在1%统计水平上显著，各变量的参数符合和统计显著水平基本一致，表明了模型分析的结果是稳健的。同时，模型拟合的 R^2 分别为0.296、0.434，说明了相对而言半对数型函数形式的拟合结果更好。

　　半对数型模型的拟合结果显示：本村60岁以上人口比例和非农收入占比的系数均大于零，表明了其对农业规模经营发展的影响呈指数递增关系，具体而言关键变量"本村60岁以上人口比例"的系数为0.014，对数变换后有

$Y=e^{0.0137}=1.014$，即变量"本村 60 岁以上人口比例"每增加 1 个百分点，农业规模经营程度将在该处的基数上增长 1.4 个百分点，而随着 60 岁以上人口比例的提高，增长的基数逐步提高意味着增长速度将越来越快，即会促进了农业规模经营的加速发展；同理，关键变量"村人均收入中非农收入占比"的系数为 0.00213，其每增加 1 个单位，农业规模经营程度将在该处的基数上增长 1.003 倍，即存在加速发展的趋势，以上分析结果均验证了研究假说。

从控制变量的估计结果来看，"耕地流转补贴"对农业规模经营程度有正向促进作用，主要原因在于流转补贴能够提高农户耕地转出的收益，对农户参与流转有促进作用。"地形特征"对农业规模经营程度有重要影响，在其他条件相同时，相对于平原地区，非平原地区的农业规模经营程度要更低，主要原因一方面在于地形特征会影响耕地连片，另一方面会影响农业机械的替代，阻碍了农业规模户的形成和生产效率的提高，与现实情况和已有研究的结论一致。

8.4　总结与讨论

本章在前文基础上分析了耕地流转市场扩大与农业规模经营发展的动态关系，探讨在农村人口老龄化和收入结构非农化的背景下，耕地流转市场的扩大对农业规模经营的影响，利用农户层面的数据实证分析了老龄化和收入结构非农化对农户流转行为的影响，并借助村庄层面调查数据验证了其对农业规模经营的影响。从本章的理论和实证分析中可以得到以下两点主要结论：

（1）农户人口的老龄化和收入结构非农化对农户耕地转出决策和比例均有促进作用。在时间自然推进下，人口年龄的增长将带来农户整体劳动能力的降低和劳动力数量的减少，同时由于劳动力就业偏好的代际差异，将会带来农业劳动力数量的迅速减少，转出部分经营耕地或完全退出农业经营将成为老龄化背景下越来越多的农户的选择。同时，由于非农就业市场的逐步发展，越来越多的农业劳动力选择非农就业，尤其是青年一代的劳动力，农户收入中非农收入的增长速度显著快于非农收入，以耕地为基础的农业收入在家庭收入中的占比越来越低，相比于以农业收入为主的农户，非农收入占比高的农户转出耕地的可能性明显要高。尽管，非农收入占比是属内生变量，会受到家庭劳动力的就业选择和非农就业市场的影响，但可以用于判断什么类型的农户在将来更倾向于转出耕地，以及转出更多的耕地，对于判断耕地流转市场的发展趋势具有较强的现实意义。

（2）人口老龄化和收入结构非农化会促进耕地流转市场的扩大，对农业规模经营的发展有加速的促进作用。本章人口老龄化、收入结构非农化对农业规模经营影响的实证分析结果表明，非线性拟合优于线性拟合，检验了理论分析中耕地流转市场与农业规模经营发展的动态关系。结合我国现实来看，随着人口老龄化和"二元"经济的发展，耕地流转和集中经营将成为必然趋势，但需要充分认识到发展的地区差异，除自然禀赋、耕地资源等差异外，人口结构、非农就业市场等方面的地区差异及动态变化，是影响耕流转和农业规模经营发展的重要因素。

| 第9章 |

研究结论与政策启示

为了解释"为什么流转市场的耕地趋于分散",本书在讨论耕地流转市场配置资源的一般性原则和农户模型的基础上,将耕地空间位置的固定性引入分析模型。一方面,从地块层面比较转入不同面积和位置的地块在耕地利用上规模经济的差异。另一方面,比较不同规模农户在扩大经营面积时,对转入耕地的空间特征偏好的异质性。从而阐明流转市场中地块的空间特征对耕地资源流向的影响及资源配置的含义,并进一步讨论耕地流转市场与农业规模经营的内在联系及发展趋势。本书利用黑龙江、河南、浙江、四川4个省份的村庄、农户和地块三个层面的调研数据,运用计量模型依次实证检验了转入地块的面积与位置对耕地利用的规模经济的影响、不同规模农户对转入地块空间特征的偏好的系统性差异,并进一步考察了耕地流转市场、资源禀赋对农业规模经营的影响及发展趋势。

9.1 研究结论

在我国现有耕地资源十分有限,且可供继续开发的资源不足的背景下,耕地资源的重新配置被认为是农业规模经营发展的唯一途径。自20世纪80年代"鼓励耕地向种田能手集中"开始,政府陆续出台了一系列政策文件,鼓励和支持流转市场中的耕地向规模户集中,以实现农业规模经营。然而,与政策目标存在差异的是,当前耕地流转市场呈现出"零散流转"的特征,尽管规模户转入耕地时支付的租金更高,但流向规模户的耕地占比并不高。本书尝试从耕地空置位置的固定性的视角解释耕地流转市场的"失灵"问题。有别于已有耕地流转的研究中耕地同质性假设,本书从流转市场中地块空间位置固定的特征为切入点,分析不同面积和位置的地块在耕地利用上的差异。在理论上,本书利用农户模型分析影响转入耕地的租金的因素,讨论了转入不同面积与位置的地块对地块层面生产成本和规模经济的影响,从而分析不同空间特征的地块价值的差异,以及不同规模农户对转入地块的空间特征偏好的异质性,并进一步设计了数理模型讨论耕地禀赋特征对流转市场地块连片的影响,从而分析耕地流转市场发展与农业规模经营的内在联系,以及耕地资源禀赋对农业规模经营的影响。本书分别利用黑龙江、河南、浙江、四川4个省份地块层面、农户层面和村庄层面的调查数据进行实证检验。主要有以下结论:

(1)从地块层面来看,在流转市场中,转入面积大或与原有土地位置相连的地块均可以提高技术上的生产效率,降低扣除地租之后的单位产品成本,存在明显的地块层面的规模经济。理论和实证分析均显示:相对于零散的小地块,面积大或与原有土地位置相连的地块,具有技术替代、成本分摊等方面的优势。一方面,在相同的要素投入下具有更高的产出,表现为技术上的规模经济;另一方面,有利于要素替代和降低扣除地租之后的单位产品成本,表现为经济上的规模经济。面积大或与原有土地位置相连对地块上生产的单位产品总成本的影响并不明显,主要原因在于面积大和位置相连的地块的租金率较高，而其高租金率源于生产环节的规模经济，即地块层面的规模经济能够激励农户支付更高的租金来获得具有该空间特征的耕地。但是，随着转入地块面积的扩大，带来的地块层面规模经济增量呈递减的趋势。由于地块层面的生产成本随地块面积扩大而降低的幅度越来越有限，扩大地块面积带来的规模经济的边际效应递减。一方面，表现为地块位置相连带来的规模报酬随地块面积的扩大而减小，即在小地块组的效应高于大地块组；另一方面，表现为耕地租金率的增长幅度随着地块面积扩大而递减。

（2）从农户层面来看，由于农户要素禀赋条件的约束，不同规模农户的劳动力稀缺程度和要素替代的需求存在差异，带来对转入地块的空间特征偏好存在差异。对于劳动力稀缺程度和机械替代需求较高的规模户，小地块除了限制边际产值高的要素替代边际产值低的要素外，还会增加劳动和机械跨地块作业的时间损耗，导致耕地投入的边际产出降低，但小地块可以通过位置相连改善这一情况，因而规模户偏爱流转市场中的大地块与位置相连的地块。对于普通户，其劳动相对充裕，且生产中对技术替代的需求并不强烈，转入小地块经营对生产的负面影响并不明显，因而普通户对转入地块的空间特征并无明显偏好。那么，由于地块空间特征对不同潜在转入户地块层面规模经济的影响不同，带来了不同空间特征地块的流向差异。面积大或位置相连的地块，由于具有耕地利用上的规模经济受到规模户和普通户的偏爱，但规模户有经营能力和技术上的优势，相对于普通户转入大地块能获得更高的边际产出，意味着规模户能够为其支付更高的租金，因此在市场化条件下大地块会流向规模户。零散的小地块，与规模户的资源禀赋和生产方式不相恰，得不到规模户的"偏爱"；但对普通户生产的负面影响并不明显，普通户并不"排斥"零散的小地块，因而其以流向普通户为主。

（3）耕地流转市场发育对农业规模经营有显著的正向影响。流转耕地数量的扩大，一方面为耕地向少数经营者集中以形成规模经营创造了条件，有助于形成更多的规模户，从而增加规模户经营面积占比，提高农业规模经营程度；另一方面从地块层面来看，区域内流转耕地数量的扩大意味着流转地块数量的增加，而这增加了流转市场中地块连片的概率，即有利于流转地块通过合并形成大地块，改善流转市场中地块分散化的空间特征。促进流转市场零碎地块的合并，形成的大地块更倾向于流向规模户，提高流转耕地中规模户转入面积的占比，进而促进农业规模经营的发展。

（4）农业规模经营的发展会受到耕地资源禀赋的约束，表现为耕地资源丰裕地区的农业规模经营程度高于耕地匮乏地区，耕地细碎化程度高的地区的农业规模经营程度低于耕地细碎化程度低的地区。相对于户均耕地面积较小的地区，户均耕地面积较大的地区通过连片达到地块规模经济"面积门槛"所需地块数量更少，流转市场中的耕地形成连片的概率越高，流转市场耕地集中化程度越高，流向规模户或形成规模户的可能性越大，相应区域的农业规模经营程度也越高，从而强化了耕地流转市场对农业规模经营的促进作用。然而，相对于户均地块数量较小的地区，户均地块数量较多的地区的流转市场中的耕地分布更零散，连片形成面积达到"面积门槛"地块的概率越低，流转市场耕地分散化的程度越高，耕地流向规模户或形成规模户的可能性越小，相应的规模经营水平也越低，进而弱化了耕地流转市场对农业规模经营的促进作用。

（5）人口老龄化和收入结构非农化会促进耕地流转市场的扩大，对农业规模经营的发展有加速的促进作用。在时间自然推进下，劳动力年龄的增长将带来农户整体劳动能力的降低和劳动力数量的减少，同时由于劳动力就业偏好的代际差异，将直接影响农户农业生产的可能性，转出部分经营耕地或完全退出农业经营将成为老龄化背景下越来越多的农户的选择。同时，由于非农就业市场的逐步发展，越来越多的劳动力选择非农就业，尤其是青年一代的劳动力，农户收入中非农收入的增长速度显著快于非农收入，以耕地为基础的农业收入在家庭收入中的占比越来越低，相比于以农业收入为主的农户，非农收入占比高的农户转出耕地的可能性明显要高。农户劳动力的老龄化和收入结构非农化对农户耕地转出决策和比例均有促进作用，将促进耕地流转市场的扩大，而随着耕地流转市场的发育，新增耕地与原地块连片的概率将逐渐变大，而连片的大地块耕地倾向于流向规模户，那么流转市场中规模户转入的面积占比将呈递增的趋势扩大，意味着耕地流转市场的发育将带来农业规模经营的加速发展。

9.2 政策启示

根据本书的主要研究结论，结合当前我国耕地资源禀赋特征与耕地流转市场的发展现状，本书具有的政策含义主要包括以下 5 个方面：

（1）适度的地块整合，有助于提升耕地价值和农业规模经营的发展。由于存在明显的地块层面的规模经济，适度的耕地整合，不仅有利于耕地上农业技术和机械的采用，无论是在提升农业生产效率和耕地价值，抑或在增加转出户收入等方面都具有积极的作用；同时，还有利于流转市场中耕地资源的集中利用，增加耕地流向规模户或转入耕地形成规模户的可能性，促进农业规模经营的发展。

（2）政策补贴小型农业机械研发与使用，提高农业生产机械化水平。支持和鼓励农业机械技术的研发和改进，促进小型高效农机的发展，不仅能够提高小地块上农业机械使用的可能性，促进老龄化背景下机械对劳动的替代；同时，还会削弱由于地块空间位置的约束造成的农机作业的规模不经济，弱化流转市场中地块面积引致的耕地异质性，从而放松规模户对转入地块面积的要求，有助于规模户的形成或转入更多的地块，促进农业规模经营的发展。

（3）搭建耕地流转信息平台，促进耕地流转的规范化。随着耕地流转市场的扩大，建立统一、规范的耕地流转信息平台，有利于保障耕地承包户和经营户的合法权益；同时，流转耕地信息的透明化，有利于耕地经营权在不同潜在转入者之间的流动，削弱由于地块空间位置固定引致的耕地异质性，弱化流转市场地块位置固定带来的不利影响，一定程度上能够提高耕地利用效率。

（4）进一步扩大非农就业市场，是推动我国农业规模经营的关键。在现有资源约束下，我国农业规模经营发展的关键在于扩大耕地流转市场，更大规模的耕地流转一方面为耕地的集中经营和更多规模户的形成创造条件，另一方面有利于弱化流转市场中耕地空间特征的异质性，促进更大比例的耕地流向规模户，以提升农业规模经营程度。进一步扩大非农就业市场，会吸引更多的农业劳动力转向非农就业，将其原经营的耕地转出以推动流转市场的扩大，而耕地流转比例的提高能够不仅为规模户的形成创造了条件，还增加流转市场中地块相连的概率，弱化流转市场耕地空间特征的异质性，对农业规模经营的发展具有加速的促进作用。

（5）充分认识农业发展中的地区差异，引导农业规模经营发展因地制宜。尽管耕地流转市场是决定农业规模经营发展的关键因素，但不同耕地禀赋特征的地区的农业规模经营程度是存在差异的。除了创造更多的非农就业机会以促进耕地流转市场发育外，依据资源禀赋特征进行实用性技术和机械的研发、推广，以及构建和完善农业公共服务体系，为农业规模经营的发展创造条件和提供技术支持。具体而言，在耕地丰裕、细碎化程度低的地区，容易实现耕地的连片集中经营，鼓励和引导以粮食作物为主、大中型机械化生产的农业规模经营模式；而在耕地匮乏、细碎化程度高的地区，难以从根本上改变耕地零散分布的状态，可以引导以经济作物为主、中小型机械化和农机服务相结合的农业规模经营形式。

除此之外，本书的研究结论还有助于重新审视农业规模经营支持政策的方向。2015 年财政部颁发了《关于支持多种形式适度规模经营促进转变农业发展方式的意见》，该意见提出的通过加大补贴促进农业规模经营的发展的方式，倍受学者争议（尚旭东、朱守银，2017）。适度规模经营能够提高生产效率，意味着与普通户相比，规模户具有更强的生产和获利能力，那么为何还需要补贴？需要补贴表明其生产效率并不高，那么制约其生产效率提高的因素是什么？或许这才是政策需要解决的问题。从本书的研究视角出发，规模户集中连片经营的需求与耕地零散分布的矛盾影响了流转市场的资源配置，如何弱化甚至消除耕地资源的异质性，对于提高耕地流转市场的配置效率和中国农业规模经营发展具有重要意义。

9.3 研究展望

本书从流转市场中耕地空间位置的固定性视角切入，在分析地块空间特征对耕地利用的规模经济影响的基础上，探讨了地块空间特征对耕地流向及农业规模经营的影响。然而，现实情况远比本书分析设定的情景复杂，关于耕地流转市场发展与农业规模经营还有很多问题值得研究。

（1）本书分析流转市场中耕地的异质性时，仅考虑了地块面积与位置，然而结合现实情况来看，流转市场中地块的分布和空间特征远比本书分析设定要复杂，影响地块层面的规模经济的特征还包括地块形状、地块距离等。例如，地块距离会影响跨地块成本，地块形状、地块进出口位置、田间道路条件、种植作物种类等会影响跨地块移动距离和难度等。如何从一个整体而又全面的角度考察耕地的异质性，是一个具有重要理论和现实意义的研究方向。

（2）由于存在明显的地块层面的规模经济，地块整合不仅有助于提升农业生产效率，还能促进农业规模经营的发展，那么多大面积的地块整合是最有效的？从整合地块的成本来看，不仅会受到原有耕地条件的影响，而且随着整合地块面积的增加，地块整合的成本呈递增趋势；从整合地块的收益来看，地块整合带来的边际效益随着整合地块面积的扩大而减小，且受到地区农业技术水平的影响，则意味着地块的整合存在一定的"度"，这个问题的研究和测度具有重要的现实意义。

（3）重新评估农地确权政策对农业规模经营的影响。根据本书的分析认为耕地流转市场的扩大可以增加转出地块相连的概率，弱化流转市场耕地空间特征的异质性，其重要假设是位置相连的地块通过破除田埂、地块合并以扩大地块面积，弱化流转市场中耕地的细碎化特征。然而，农地确权政策为强化农户耕地的承包权"确权到地、明确四界"，明晰的"四至"界线不利于流转市场中相邻地块的合并，对于农业规模经营的发展有不利影响。从已有文献来看，尚未有研究从该视角评估农地确权政策对农业规模经营的影响，而且哪个方向的影响占主导作用？是否存在地区差异？是否会影响我国农业种植结构？这都是可能的研究方向。

参考文献

[1] 包宗顺，徐志明，高珊，等. 农村土地流转的区域差异与影响因素：以江苏省为例 [J]. 中国农村经济，2009 (4)：23 – 30.

[2] 卞琦娟，周曙东，葛继红. 发达地区农地流转影响因素分析：基于浙江省农户样本数据 [J]. 农业技术经济，2010 (6)：28 – 36.

[3] 曹阳，胡继亮. 中国土地家庭承包制度下的农业机械化：基于中国17省（区、市）的调查数据 [J]. 中国农村经济，2010 (10)：57 – 65.

[4] Carter M，姚洋. 工业化、土地市场和农业投资 [J]. 经济学（季刊），2004 (3)：983 – 1002.

[5] 陈飞，翟伟娟. 农户行为视角下农地流转诱因及其福利效应研究 [J]. 经济研究，2015 (10)：163 – 177.

[6] 陈洁，罗丹. 我国种粮大户的发展：自身行为、政策扶持与市场边界 [J]. 改革，2010 (12)：5 – 29.

[7] 陈锡文. 实现小农户和现代农业发展有机衔接 [J]. 中国农村科技，2018 (2)：14.

[8] 陈曦，罗进华. 对中国农村土地流转缓慢原因的研究 [J]. 上海经济研究，2004 (6)：29 – 35.

[9] 陈奕山，钟甫宁，纪月清. 为什么土地流转中存在零租金？：人情租视角的实证分析 [J]. 中国农村观察，2017 (4)：43 – 56.

[10] 陈振，郭杰，欧名豪. 资本下乡过程中农户风险认知对土地转出意愿

的影响研究：基于安徽省 526 份农户调研问卷的实证 [J]. 南京农业大学学报（社会科学版），2018（2）：129 - 137.

[11] 程令国，张晔，刘志彪. 农地确权促进了中国农村土地的流转吗？[J]. 管理世界，2016（1）：88 - 98.

[12] 迟福林，王景新，唐涛. 赋予农民长期而有保障的土地使用权 [J]. 中国农村经济，1999（3）：5 - 13.

[13] Eatwell J. 新帕尔格雷夫经济学大辞典：A—D. 第一卷 [M]. 北京：经济科学出版社，1992.

[14] 冯献，崔凯. 日韩农地规模经营的发展及其对中国的启示 [J]. 亚太经济，2012（6）：77 - 80.

[15] 付江涛. 新一轮承包地确权、流转及其投资利用研究 [D]. 南京：南京农业大学，2016.

[16] 付江涛，纪月清，胡浩. 产权保护与农户土地流转合约选择：兼评新一轮承包地确权颁证对农地流转的影响 [J]. 江海学刊，2016（3）：74 - 80.

[17] 付振奇，陈淑云. 政治身份影响农户土地经营权流转意愿及行为吗?：基于 28 省份 3305 户农户调查数据的分析 [J]. 中国农村观察，2017（5）：130 - 144.

[18] 付振奇，陈淑云. 组织干预还是个体主导：对农户土地经营权流转行为效果的研究：基于 1025 个农户流转租金价格与满意度的分析 [J]. 开放时代，2017（4）：177 - 190.

[19] 郜亮亮. 中国农地流转市场的发展及其对农户投资的影响研究 [D]. 北京：中国科学院大学，2011.

[20] 郜亮亮，黄季焜，冀县卿. 村级流转管制对农地流转的影响及其变迁 [J]. 中国农村经济，2014（12）：18 - 29.

[21] 顾江. 规模经济论 [M]. 北京：中国农业出版社，2001.

[22] 顾天竹，纪月清，钟甫宁. 中国农业生产的地块规模经济及其来源分析 [J]. 中国农村经济，2017（2）：30 - 43.

[23] 管珊，万江红. 交易成本与家庭农场合约稳定性：基于对 111 个家庭农

场的调查 [J]. 农业现代化研究, 2017 (2): 234 - 240.

[24] 郭铁民, 林善浪. 农地股份合作制问题探讨 [J]. 当代经济研究, 2001 (12): 30 - 33.

[25] 郭阳, 钟甫宁, 纪月清. 规模经济与规模户耕地流转偏好: 基于地块层面的分析 [J]. 中国农村经济, 2019 (4): 7 - 21.

[26] 韩朝华. 个体农户和农业规模化经营: 家庭农场理论评述 [J]. 经济研究, 2017 (7): 184 - 199.

[27] 韩菡. 劳动力流出后, 剩余土地流向对于农民收入分配的影响 [D]. 南京: 南京农业大学, 2011.

[28] 韩菡. 我国农村农地流转地区差异性分析: 基于对浙江、安徽两省的调查 [J]. 价格理论与实践, 2014 (2): 60 - 61.

[29] 韩菡, 钟甫宁. 劳动力流出后 "剩余土地" 流向对于当地农民收入分配的影响 [J]. 中国农村经济, 2011 (4): 18 - 25.

[30] 韩啸, 张安录, 朱巧娴, 等. 土地流转与农民收入增长、农户最优经营规模研究: 以湖北、江西山地丘陵区为例 [J]. 农业现代化研究, 2015, 36 (3): 368 - 373.

[31] 何军, 李庆. 代际差异视角下的农民工土地流转行为研究 [J]. 农业技术经济, 2014 (1): 65 - 72.

[32] 何欣, 蒋涛, 郭良燕, 等. 中国农地流转市场的发展与农户流转农地行为研究: 基于 2013 ~ 2015 年 29 省的农户调查数据 [J]. 管理世界, 2016 (6): 79 - 89.

[33] 何秀荣. 农场规模的 "适度" 是动态的 [J]. 农村经营管理, 2017 (1): 30 - 31.

[34] 贺振华. 农村土地流转的效率: 现实与理论 [J]. 上海经济研究, 2003 (3): 11 - 17.

[35] 贺振华. 农地流转中土地租金及其影响因素分析 [J]. 社会科学, 2003 (7): 22 - 27.

[36] 侯石安. 初始禀赋差异、农业补贴与农地流转选择: 全国 8 省 30 村的微观实证分析 [J]. 中国农业科学, 2012, 45 (21): 4508 - 4516.

[37] 胡瑞卿, 张岳恒. 不同目标下耕地流转的理论与实证分析 [J]. 中国农村经济, 2007 (1): 36 – 44.

[38] 胡霞, 丁浩. 农地流转影响因素的实证分析: 基于 CHIPS 8000 农户数据 [J]. 经济理论与经济管理, 2015 (5): 17 – 25.

[39] 胡新艳, 洪炜杰, 王梦婷, 等. 中国农村三大要素市场发育的互动关联逻辑: 基于农户多要素联合决策的分析 [J]. 中国人口·资源与环境, 2017 (11): 61 – 68.

[40] 黄枫, 孙世龙. 让市场配置农地资源: 劳动力转移与农地使用权市场发育 [J]. 管理世界, 2015 (7): 71 – 81.

[41] 黄季焜. 制度变迁和可持续发展: 30 年中国农业和农村 [M]. 上海: 格致出版社, 上海人民出版社, 2008.

[42] 黄季焜, 马恒运. 差在经营规模上: 中国主要农产品生产成本国际比较 [J]. 国际贸易, 2000 (4): 41 – 44.

[43] 黄季焜, 马恒运. 中国主要农产品生产成本与主要国际竞争者的比较 [J]. 中国农村经济, 2000 (5): 17 – 21.

[44] 黄丽萍. 东南沿海农地承包经营权连片流转探析: 基于浙江、福建和广东三省的调查 [J]. 农业经济问题, 2009 (8): 71 – 77.

[45] 黄贤金, 濮励杰, 尚贵华. 耕地总量动态平衡政策存在问题及改革建议 [J]. 中国土地科学, 2001 (4): 2 – 6.

[46] 黄忠怀, 邱佳敏. 政府干预土地集中流转: 条件、策略与风险 [J]. 中国农村观察, 2016 (2): 34 – 44.

[47] 黄宗智, 彭玉生. 三大历史性变迁的交汇与中国小规模农业的前景 [J]. 中国社会科学, 2007 (4): 74 – 88.

[48] 黄祖辉, 陈欣欣. 农户粮田规模经营效率: 实证分析与若干结论 [J]. 农业经济问题, 1998 (11): 3 – 8.

[49] 霍雅勤, 蔡运龙, 王瑛. 耕地对农民的效用考察及耕地功能分析 [J]. 中国人口·资源与环境, 2004 (3): 107 – 110.

[50] 纪月清. 非农就业与农机支持的政策选择研究 [D]. 南京: 南京农业大学, 2010.

[51] 纪月清，顾天竹，陈奕山，等．从地块层面看农业规模经营：基于流转租金与地块规模关系的讨论 [J].管理世界，2017 (7)：65 - 73.

[52] 纪月清，胡杨，杨宗耀．单独抑或联合：地块规模与农户土地投资决策 [J].南京农业大学学报（社会科学版），2017 (6)：59 - 70.

[53] 江淑斌，苏群．农村劳动力非农就业与土地流转：基于动力视角的研究 [J].经济纬纬，2012 (2)：110 - 114.

[54] 江淑斌，苏群．农地流转"租金分层"现象及其根源 [J].农业经济问题，2013，34 (4)：42 - 48.

[55] 姜松，王钊．土地流转、适度规模经营与农民增收：基于重庆市数据实证 [J].软科学，2012 (9)：75 - 79.

[56] 金松青，Deininger K.中国农村土地租赁市场的发展及其在土地使用公平性和效率性上的含义 [J].经济学（季刊），2004 (3)：1003 - 1028.

[57] 匡远配，陆钰凤．我国农地流转"内卷化"陷阱及其出路 [J].农业经济问题，2018 (9)：33 - 43.

[58] 郎秀云．家庭农场：国际经验与启示：以法国、日本发展家庭农场为例 [J].毛泽东邓小平理论研究，2013 (10)：36 - 41.

[59] 冷智花，付畅俭，许先普．家庭收入结构、收入差距与土地流转：基于中国家庭追踪调查（CFPS）数据的微观分析 [J].经济评论，2015 (5)：111 - 128.

[60] 黎霆，赵阳，辛贤．当前农地流转的基本特征及影响因素分析 [J].中国农村经济，2009 (10)：4 - 11.

[61] 李承桧，杨朝现，陈兰，等．基于农户收益风险视角的土地流转期限影响因素实证分析 [J].中国人口·资源与环境，2015 (S1)：66 - 70.

[62] 李功奎．农地细碎化、劳动力利用与农民收入 [D].南京：南京农业大学，2006.

[63] 李功奎，钟甫宁．农地细碎化、劳动力利用与农民收入：基于江苏省经济欠发达地区的实证研究 [J].中国农村经济，2006 (4)：42 - 48.

[64] 李庆海，李锐，王兆华．农户土地租赁行为及其福利效果 [J].经济学

（季刊），2012，11（1）：269－288.

[65] 李文明，罗丹，陈洁，等.农业适度规模经营：规模效益、产出水平与生产成本——基于1552个水稻种植户的调查数据 [J].中国农村经济，2015（3）：4－17.

[66] 李相宏.农业规模经营模式分析 [J].农业经济问题，2003（8）：48－51.

[67] 李忠国.农业适度规模经营实现形式若干问题的思考 [J].农村经营管理，2005（11）：22－23.

[68] 廖洪乐.农户兼业及其对农地承包经营权流转的影响 [J].管理世界，2012（5）：62－70.

[69] 刘芬华.究竟是什么因素阻碍了中国农地流转：基于农地控制权偏好的制度解析及政策含义 [J].经济社会体制比较，2011（2）：26－34.

[70] 刘强.中国水稻种植农户土地经营规模与绩效研究 [D].杭州：浙江大学，2017.

[71] 刘同山，孔祥智.农业规模经营的支持措施、实现方式及改革思考：基于农村改革试验区的调查研究 [J].农村经济，2017（5）：97－102.

[72] 刘文勇，张悦.农地流转中农户租约期限短期倾向的研究：悖论与解释 [J].农村经济，2013（1）：22－25.

[73] 刘欣，姚增福，马长凤，等.种粮大户生产经营外部性风险来源与认知差异分析：基于湖南和黑龙江2省679户微观调查数据的对比 [J].湖南科技学院学报，2015，36（5）：153－157.

[74] 楼栋，孔祥智.新型农业经营主体的多维发展形式和现实观照 [J].改革，2013（2）：65－77.

[75] 卢华，胡浩，耿献辉.土地细碎化、地块规模与农业生产效益：基于江苏省调研数据的经验分析 [J].华中科技大学学报（社会科学版），2016，30（4）：81－90.

[76] 吕晨光，杨继瑞，谢菁.农业适度规模经营研究：以山西省为例 [J].统计与决策，2013（20）：135－138.

[77] 吕挺，纪月清，易中懿. 水稻生产中的地块规模经济：基于江苏常州金坛的调研分析 [J]. 农业技术经济，2014 (2)：68 - 75.

[78] 吕悦风，陈会广. 农业补贴政策及其对土地流转的影响研究 [J]. 农业现代化研究，2015 (3)：362 - 367.

[79] 罗必良，林文声，邱泽元. 农地租约以及对象选择：来自农户问卷的证据 [J]. 农业技术经济，2015 (9)：4 - 16.

[80] 罗必良，邹宝玲，何一鸣. 农地租约期限的"逆向选择"：基于9省份农户问卷的实证分析 [J]. 农业技术经济，2017 (1)：4 - 17.

[81] 罗丹，陈洁. 效益多元、地区差异与愿景诉求：3400 个种粮户证据 [J]. 改革，2013 (6)：5 - 26.

[82] 马瑞，柳海燕，徐志刚. 农地流转滞缓：经济激励不足还是外部市场条件约束?：对4省600户农户2005～2008年期间农地转入行为的分析 [J]. 中国农村经济，2011 (11)：36 - 48.

[83] 马贤磊，仇童伟，钱忠好. 农地产权安全性与农地流转市场的农户参与：基于江苏、湖北、广西、黑龙江四省（区）调查数据的实证分析 [J]. 中国农村经济，2015 (2)：22 - 37.

[84] 马贤磊，仇童伟，钱忠好. 农地流转中的政府作用：裁判员抑或运动员：基于苏、鄂、桂、黑四省（区）农户农地流转满意度的实证分析 [J]. 经济学家，2016 (11)：83 - 89.

[85] 马晓河，崔红志. 建立土地流转制度，促进区域农业生产规模化经营 [J]. 管理世界，2002 (11)：63 - 77.

[86] 马艳利，杨建科，袁景衡. 国家治理视域下政府干预土地流转的历史演变及当代启示 [J]. 学术探索，2018 (1)：114 - 119.

[87] 马志远，孟金卓，韩一宾. 地方政府土地流转补贴政策反思 [J]. 财政研究，2011 (3)：10 - 14.

[88] 毛飞，孔祥智. 农地规模化流转的制约因素分析 [J]. 农业技术经济，2012 (4)：52 - 64.

[89] 倪国华，蔡昉. 农户究竟需要多大的农地经营规模?：农地经营规模决策图谱研究 [J]. 经济研究，2015，50 (3)：159 - 171.

[90] 齐城. 农村劳动力转移与土地适度规模经营实证分析：以河南省信阳市为例 [J]. 农业经济问题，2008 (4)：38 – 41.

[91] 钱贵霞. 粮食生产经营规模与粮农收入的研究 [D]. 北京：中国农业科学院，2005.

[92] 钱忠好. 非农就业是否必然导致农地流转：基于家庭内部分工的理论分析及其对中国农户兼业化的解释 [J]. 中国农村经济，2008 (10)：13 – 21.

[93] 钱忠好，冀县卿. 中国农地流转现状及其政策改进：基于江苏、广西、湖北、黑龙江四省 (区) 调查数据的分析 [J]. 管理世界，2016 (2)：71 – 81.

[94] 钱忠好，牟燕. 土地市场化是否必然导致城乡居民收入差距扩大：基于中国 23 个省 (自治区、直辖市) 面板数据的检验 [J]. 管理世界，2013 (2)：78 – 89.

[95] 仇焕广，刘乐，李登旺，等. 经营规模、地权稳定性与土地生产率：基于全国 4 省地块层面调查数据的实证分析 [J]. 中国农村经济，2017 (6)：30 – 43.

[96] 任远，施闻. 农村外出劳动力回流迁移的影响因素和回流效应 [J]. 人口研究，2017 (2)：71 – 83.

[97] 尚旭东，朱守银. 农地流转补贴政策效应分析：基于挤出效应、政府创租和目标偏离视角 [J]. 中国农村观察，2017 (6)：43 – 56.

[98] 申云，朱述斌，邓莹，等. 农地使用权流转价格的影响因素分析：来自于农户和区域水平的经验 [J]. 中国农村观察，2012 (3)：2 – 17.

[99] 沈贵银. 探索现代农业多元化规模经营制度：对十七届三中全会关于农村基本经营制度创新有关问题的思考 [J]. 农业经济问题，2009，30 (5)：17 – 19.

[100] 石峰. 试论农村土地承包经营权流转制度的完善 [J]. 上海大学学报 (社会科学版)，2007 (5)：121 – 125.

[101] 石智雷，薛文玲. 中国农民工的长期保障与回流决策 [J]. 中国人口·资源与环境，2015 (3)：143 – 152.

[102] 史常亮，栾江，朱俊峰．土地经营权流转、耕地配置与农民收入增长 [J]．南方经济，2017（10）：36–58.

[103] 宋亚平．规模经营是农业现代化的必由之路吗？[J]．江汉论坛，2013（4）：5–9.

[104] 孙伟．我国农村土地流转中的政府行为研究 [D]．合肥：安徽农业大学，2013.

[105] 孙新华．地方政府干预与规模农业发展：来自皖南河镇的经验 [J]．甘肃行政学院学报，2017（2）：114–123.

[106] 孙新华．规模经营背景下基层农技服务"垒大户"现象分析 [J]．西北农林科技大学学报（社会科学版），2017（2）：80–86.

[107] 孙新华．强制商品化："被流转"农户的市场化困境——基于五省六地的调查 [J]．南京农业大学学报（社会科学版），2013（5）：25–31.

[108] 孙新华．土地流转与农户家计：两种流转模式的比较——基于江西省T村的实证调查 [J]．贵州社会科学，2012（4）：77–83.

[109] 孙新华．再造农业 [D]．武汉：华中科技大学，2015.

[110] 汤建尧，曾福生．经营主体的农地适度规模经营绩效与启示：以湖南省为例 [J]．经济地理，2014，34（5）：134–138.

[111] 唐轲．农户农地流转与经营规模对粮食生产的影响 [D]．北京：中国农业科学院，2017.

[112] 唐轲，王建英，陈志钢．农户耕地经营规模对粮食单产和生产成本的影响：基于跨时期和地区的实证研究 [J]．管理世界，2017（5）：79–91.

[113] 唐文金．农户土地流转意愿与行为研究 [D]．成都：西南财经大学，2008.

[114] 田传浩．农地制度，农地租赁市场与农地配置效率：理论与来自苏、浙、鲁地区的经验 [M]．北京：经济科学出版社，2005.

[115] 田先红，陈玲．地租怎样确定？：土地流转价格形成机制的社会学分析 [J]．中国农村观察，2013（6）：2–12.

[116] 万广华．测定技术进步和规模效应的一种新方法 [J]．农业技术经济，

1996 (2): 22-25.

[117] 万广华,程恩江. 规模经济、土地细碎化与我国的粮食生产 [J]. 中国农村观察, 1996 (3): 31-36.

[118] 汪亚雄. 南方农业适度规模经营分析 [J]. 统计与决策, 1997 (5): 21-23.

[119] 王兴稳. 农民间土地流转市场与农地细碎化 [D]. 南京: 南京农业大学, 2008.

[120] 王兴稳,钟甫宁. 土地细碎化与农用地流转市场 [J]. 中国农村观察, 2008 (4): 29-34.

[121] 王亚楠,纪月清,徐志刚,等. 有偿 VS 无偿: 产权风险下农地附加价值与农户转包方式选择 [J]. 管理世界, 2015 (11): 87-94.

[122] 卫荣. 基于经营主体视角下的粮食生产适度规模研究 [D]. 北京: 中国农业科学院, 2016.

[123] 卫新,毛小报,王美清. 浙江省农户土地规模经营实证分析 [J]. 中国农村经济, 2003 (10): 31-36.

[124] 吴桢培. 农业适度规模经营的理论与实证研究 [D]. 北京: 中国农业科学院, 2011.

[125] 伍振军,孔祥智,郑力文. 农地流转价格的影响因素研究: 基于皖、浙两省 413 户农户的调查 [J]. 江西农业大学学报 (社会科学版), 2011, 10 (3): 1-6.

[126] 夏益国,孙群,刘艳华. 美国农场的耕地集中: 现状、动因及影响 [J]. 中国农村经济, 2015 (4): 81-96.

[127] 徐美银. 农民阶层分化、产权偏好差异与土地流转意愿: 基于江苏省泰州市 387 户农户的实证分析 [J]. 社会科学, 2013 (1): 56-66.

[128] 徐志刚,谭鑫,郑旭媛,等. 农地流转市场发育对粮食生产的影响与约束条件 [J]. 中国农村经济, 2017, 9 (9): 26-43.

[129] 许恒周,郭玉燕,吴冠岑,等. 代际差异视角下农民工土地流转意愿的影响因素分析: 基于天津 613 份调查问卷的实证研究 [J]. 资源科学, 2012 (10): 1864-1870.

[130] 许庆，田士超，徐志刚，等．农地制度、土地细碎化与农民收入不平等 [J]．经济研究，2008 (2)：83 -92.

[131] 许庆，尹荣梁，章辉．规模经济、规模报酬与农业适度规模经营：基于我国粮食生产的实证研究 [J]．经济研究，2011 (3)：59 -71.

[132] 许月明．土地规模经营制约因素分析 [J]．农业经济问题，2006 (9)：13 -17.

[133] 鄢军．我国农村土地集中：方式和趋势 [J]．经济学家，2004 (6)：50 -56.

[134] 杨钢桥，胡柳，汪文雄．农户耕地经营适度规模及其绩效研究：基于湖北6县市农户调查的实证分析 [J]．资源科学，2011，33 (3)：505 -512.

[135] 杨国玉，郝秀英．关于农业规模经营的理论思考 [J]．经济问题，2005 (12)：42 -45.

[136] 杨进，吴比，金松青，等．中国农业机械化发展对粮食播种面积的影响 [J]．中国农村经济，2018 (3)：89 -104.

[137] 姚洋．非农就业结构与土地租赁市场的发育 [J]．中国农村观察，1999 (2)：18 -23.

[138] 姚洋．中国农地制度：一个分析框架 [J]．中国社会科学，2000 (2)：54 -65.

[139] 叶春辉，许庆，徐志刚．农地细碎化的缘由与效应：历史视角下的经济学解释 [J]．农业经济问题，2008 (9)：9 -15.

[140] 叶剑平，丰雷，蒋妍，等．2008 年中国农村土地使用权调查研究：17 省份调查结果及政策建议 [J]．管理世界，2010 (1)：64 -73.

[141] 叶敬忠，豆书龙，张明皓．小农户和现代农业发展：如何有机衔接？ [J]．中国农村经济，2018 (11)：64 -79.

[142] 叶兴庆，翁凝．拖延了半个世纪的农地集中：日本小农生产向规模经营转变的艰难历程及启示 [J]．中国农村经济，2018 (1)：124 -137.

[143] 郧宛琪．家庭农场适度规模经营及其实现路径研究 [D]．北京：中国农业大学，2016.

[144] 詹和平，张林秀. 家庭保障、劳动力结构与农户土地流转：基于江苏省 142 户农户的实证研究 [J]. 长江流域资源与环境，2009（7）：658 - 663.

[145] 展进涛，张燕媛，张忠军. 土地细碎化是否阻碍了水稻生产性环节外包服务的发展？[J]. 南京农业大学学报（社会科学版），2016，16 （2）：117 - 124.

[146] 张海亮，吴楚材. 江浙农业规模经营条件和适度规模确定 [J]. 经济地理，1998（1）：85 - 90.

[147] 张红宇. 促进农民增收的长期思路和政府行为 [J]. 农业经济问题，2005（2）：13 - 17.

[148] 张建，冯淑怡，诸培新. 政府干预农地流转市场会加剧农村内部收入差距吗?：基于江苏省四个县的调研 [J]. 公共管理学报，2017（1）：104 - 116.

[149] 张建，诸培新，王敏. 政府干预农地流转：农户收入及资源配置效率 [J]. 中国人口·资源与环境，2016（6）：75 - 83.

[150] 张磊，罗光强. 现实与重构：我国粮食适度规模经营的困境与摆脱：基于川、湘 246 个稻作大户的调查 [J]. 农村经济，2018（5）：28 - 33.

[151] 张淑萍. 异质性农户土地流转的决定性因素与政策建议 [J]. 地域研究与开发，2015（4）：120 - 124.

[152] 张侠，葛向东，彭补拙. 土地经营适度规模的初步研究 [J]. 经济地理，2002（3）：351 - 355.

[153] 张先兵. 中国农村土地适度规模经营面临的主要问题与思考 [J]. 生产力研究，2012（10）：37 - 39.

[154] 张新光. 论农地平分机制向市场机制的整体性转轨 [J]. 西北农林科技大学学报（社会科学版），2003（5）：1 - 8.

[155] 张照新，赵海. 新型农业经营主体的困境摆脱及其体制机制创新 [J]. 改革，2013（2）：78 - 87.

[156] 张照新. 中国农村土地流转市场发展及其方式 [J]. 中国农村经济，

2002 (2): 19 - 24.

[157] 章元，吴伟平，潘慧. 劳动力转移、信贷约束与规模经营：粮食主产区与非主产区的比较研究 [J]. 农业技术经济，2017 (10): 4 - 13.

[158] 赵光，李放. 非农就业、社会保障与农户土地转出：基于 30 镇 49 村 476 个农民的实证分析 [J]. 中国人口·资源与环境，2012 (10): 102 - 110.

[159] 赵军洁，吴天龙. 粮食布局、非农就业与土地流转：基于 CHIP2013 的分析 [J]. 江西财经大学学报，2018 (1): 80 - 89.

[160] 赵鲲，刘磊. 关于完善农村土地承包经营制度发展农业适度规模经营的认识与思考 [J]. 中国农村经济，2016 (4): 12 - 16.

[161] 赵晓锋，张永辉，霍学喜. 农业结构调整对农户家庭收入影响的实证分析 [J]. 中南财经政法大学学报，2012 (5): 127 - 133.

[162] 郑风田. 我国现行土地制度的产权残缺与新型农地制度构想 [J]. 管理世界，1995 (4): 138 - 146.

[163] 郑江淮，王成思. 工业化升级中的农村要素流动和收入保障：基于苏州制造业升级与农村劳动力"返土"、土地集中的理论分析 [J]. 中国农村观察，2007 (6): 2 - 13.

[164] 郑旭媛. 资源禀赋约束、要素替代与中国粮食生产变迁 [D]. 南京：南京农业大学，2015.

[165] 钟甫宁，纪月清. 土地产权、非农就业机会与农户农业生产投资 [J]. 经济研究，2009，44 (12): 43 - 51.

[166] 钟甫宁. 劳动力市场的调节是农民增收的关键：评《农村发展与增加农民收入》[J]. 中国农村经济，2007 (5): 78 - 80.

[167] 钟甫宁. 农业经济学 [M]. 北京：中国农业出版社，2011.

[168] 钟涨宝，汪萍. 农地流转过程中的农户行为分析：湖北、浙江等地的农户问卷调查 [J]. 中国农村观察，2003 (6): 55 - 64.

[169] 周靖祥，陆铭. 内地农村土地流转何去何从？：重庆实践的启示 [J]. 公共管理学报，2011 (4): 85 - 95.

[170] 朱颖. 规模经营、专业合作社与粮食供给机制的现实因应 [J]. 改革，

2012（1）：41 - 49.

[171] 诸培新，杨子，饶芳萍．家庭生命周期对土地规模经营的影响研究
［J］．中国人口科学，2017（6）：43 - 53.

[172] 邹宝玲，钟文晶，张沁岚．风险规避与农地租约期限选择：基于广东
省农户问卷的实证分析［J］．南方经济，2016（10）：12 - 22.

[173] Abler D G, Sukhatme V A. The "efficient but poor" hypothesis［J］. Re-
view of Agricultural Economics, 2006, 28（3）：338 - 343.

[174] Allen D, Lueck D. Contract choice in modern agriculture：cash rent versus
cropshare［J］. The Journal of Law and Economics, 1992, 35（2）：397 -
426.

[175] Alvarez A, Arias C. Technical efficiency and farm size：a conditional anal-
ysis［J］. Agricultural Economics, 2004, 30（3）：241 - 250.

[176] Banerjee A V, Gertler P J, Ghatak M. Empowerment and efficiency：ten-
ancy reform in West Bengal［J］. Journal of Political Economy, 2002, 110
（2）：239 - 280.

[177] Barbier P. Inverse relationship between farm size and land productivity：a
product of science or imagination? ［J］. Economic and Political Weekly,
1984：A189 - A198.

[178] Barrett C B, Bellemare M F, Hou J Y. Reconsidering conventional expla-
nations of the inverse productivity-size relationship［J］. World Develop-
ment, 2010, 38（1）：88 - 97.

[179] Barrett C B. On price risk and the inverse farm size-productivity relationship
［J］. Journal of Development Economics, 1996, 51（2）：193 - 215.

[180] Benjamin D, Brandt L. Property rights, labour markets, and efficiency in
a transition economy：the case of rural China［J］. Canadian Journal of
Economics Review, 2002, 35（4）：689 - 716.

[181] Benjamin D. Can unobserved land quality explain the inverse productivity
relationship? ［J］. Journal of Development Economics, 1995, 46（1）：
51 - 84.

[182] Bentley J W. Economic and ecological approaches to land fragmentation: in defense of a much-maligned phenomenon [J]. Annual review of anthropology, 1987, 16 (1): 31 - 67.

[183] Br U Mmer B, Glauben T, Lu W. Policy reform and productivity change in Chinese agriculture: a distance function approach [J]. Journal of Development Economics, 2006, 81 (1): 61 - 79.

[184] Bryan J, Deaton B J, Weersink A. Do landlord-tenant relationships influence rental contracts for farmland or the cash rental rate? [J]. Land Economics, 2015, 91 (4): 650 - 663.

[185] Burger A. Agricultural development and land concentration in a central European country: a case study of Hungary [J]. Land Use Policy, 2001, 18 (3): 259 - 268.

[186] Burton S, King R. Land fragmentation and consolidation in Cyprus: a descriptive evaluation [J]. Agricultural Administration, 1982, 11 (3): 183 - 200.

[187] Burt O R. Econometric modeling of the capitalization formula for farmland prices [J]. American Journal of Agricultural Economics, 1986, 68 (1): 10 - 26.

[188] Cappellari L, Jenkins S P. Multivariate probit regression using simulated maximum likelihood [J]. Stata Journal, 2003, 3 (3): 278 - 294.

[189] Carter M R, Yao Y. Local versus global separability in agricultural household models: the factor price equalization effect of land transfer rights [J]. American Journal of Agricultural Economics, 2002, 84 (3): 702 - 715.

[190] Chavas J P. Structural change in agricultural production: economics, technology and policy [M] //Gardner B L, Rausser G C. Handbook of Agricultural Economics. Elsevier, 2001, 1: 263 - 285.

[191] Chen J. Rapid urbanization in China: a real challenge to soil protection and food security [J]. Catena, 2007, 69 (1): 1 - 15.

[192] Coelli T. A multi-stage methodology for the solution of orientated DEA mod-

els [J]. Operations Research Letters, 1998, 23 (3 – 5): 143 – 149.

[193] Deininger K, Byerlee D. The rise of large farms in land abundant countries: do they have a future? [M]. The World Bank, 2011.

[194] Deininger K, Jin S. The potential of land rental markets in the process of economic development: evidence from China [J]. Journal of Development Economics, 2005, 78 (1): 241 – 270.

[195] Devendra C, Thomas D. Smallholder farming systems in Asia [J]. Agricultural Systems, 2002, 71 (1): 17 – 25.

[196] Dyer G. Farm size-farm productivity re-examined: evidence from rural Egypt [J]. The Journal of Peasant Studies, 1991, 19 (1): 59 – 92.

[197] Fan S, Pardey P G. Research, productivity, and output growth in Chinese agriculture [J]. Journal of Development Economics, 1997, 53 (1): 115 – 137.

[198] Fleisher B M, Liu Y. Economies of scale, plot size, human capital, and productivity in Chinese agriculture [J]. Quarterly Review of Economics and Finance, 1992, 32 (3): 112 – 124.

[199] Gao L, Huang J, Rozelle S. Rental markets for cultivated land and agricultural investments in China [J]. Agricultural Economics, 2012, 43 (4): 391 – 403.

[200] Gardner B L. Changing economic perspectives on the farm problem [J]. Journal of Economic Literature, 1992, 30 (1): 62 – 101.

[201] Gardner B L. Economic growth and low incomes in agriculture [J]. American Journal of Agricultural Economics, 2000, 82 (5): 1059 – 1074.

[202] Helfand S M, Levine E S. Farm size and the determinants of productive efficiency in the Brazilian Center-West [J]. Agricultural Economics, 2004, 31 (2 – 3): 241 – 249.

[203] Heltberg R. Rural market imperfections and the farm size-productivity relationship: evidence from Pakistan [J]. World Development, 1998, 26 (10): 1807 – 1826.

[204] Heston A, Kumar D. The persistence of land fragmentation in peasant agri-culture: an analysis of South Asian cases [J]. Explorations in Economic History, 1983, 20 (2): 199 – 220.

[205] Johnson D G. Comparability of labor capacities of farm and nonfarm labor [J]. The American Economic Review, 1953, 43 (3): 296 – 313.

[206] Johnston B F, Mellor J W. The role of agriculture in economic development [J]. American Economic Review, 1961, 51 (4): 566 – 593.

[207] Lamb R L. Inverse productivity: land quality, labor markets, and meas-urement error [J]. Journal of Development Economics, 2003, 71 (1): 71 – 95.

[208] Larson D F, Otsuka K, Matsumoto T, et al. Should African Rural Devel-opment Strategies Depend on Smallholder Farms? An Exploration of the Inverse Productivity Hypothesis [M]. The World Bank, 2012.

[209] Lin J Y. Endowments, Technology, and factor markets: a natural experi-ment of induced institutional innovation from China's rural reform [J]. American Journal of Agricultural Economics, 1995, 77 (2): 231 – 242.

[210] Nguyen T, Cheng E, Findlay C. Land fragmentation and farm productivity in China in the 1990s [J]. China Economic Review, 1996, 7 (2): 169 – 180.

[211] Otsuka K, Chuma H, Hayami Y. Land and labor contracts in agrarian economies: theories and facts [J]. Journal of Economic Literature, 1992, 30 (4): 1965 – 2018.

[212] Otsuka K. Efficiency and equity effects of land markets [J]. Handbook of Agricultural Economics, 2007, 3: 2671 – 2703.

[213] Otsuka K, Liu Y, Yamauchi F. Growing advantage of large farms in Asia and its implications for global food security [J]. Global Food Security, 2016, 11: 5 – 10.

[214] Pacini C, Wossink A, Giesen G, et al. Evaluation of sustainability of or-ganic, integrated and conventional farming systems: a farm and field-scale

analysis [J]. Agriculture, Ecosystems & Environment, 2003, 95 (1):
273 – 288.

[215] Patnaik U. Economics of farm size and farm scale: Some assumptions re-examined [J]. Economic and Political Weekly, 1972: 1613 – 1624.

[216] Petersen E H, Pannell D J, Nordblom T L, et al. Potential benefits from alternative areas of agricultural research for dryland farming in northern Syria [J]. Agricultural Systems, 2002, 72 (2): 93 – 108.

[217] Prändl-Zika V. From subsistence farming towards a multifunctional agriculture: sustainability in the Chinese rural reality [J]. Journal of Environmental Management, 2008, 87 (2): 236 – 248.

[218] Self S, Grabowski R. Economic development and the role of agricultural technology [J]. Agricultural Economics, 2007, 36 (3): 395 – 404.

[219] Sen A K. Poverty and Famines: An Essay on Entitlement and Deprivation [M]. Oxford: Clarendon Press, 1981.

[220] Tan S H, Heerink N, Kruseman G, et al. Do fragmented landholdings have higher production costs? Evidence from rice farmers in Northeastern Jiangxi province, P. R. China [J]. China Economic Review, 2007, 19 (3): 347 – 358.

[221] Teklu T, Lemi A. Factors affecting entry and intensity in informal rental land markets in Southern Ethiopian highlands [J]. Agricultural Economics, 2004, 30 (2): 117 – 128.

[222] Thiele H, Brodersen C M. Differences in farm efficiency in market and transition economies: empirical evidence from West and East Germany [J]. European Review of Agricultural Economics, 1999, 26 (3): 331 – 347.

[223] Todaro M P. Economics for a developing world [M]. Longman, 1982.

[224] Wan G H, Cheng E. Effects of land fragmentation and returns to scale in the Chinese farming sector [J]. Applied Economics, 2001, 33 (2): 183 – 194.

[225] Yao Y. The development of the land lease market in rural China [J]. Land

Economics, 2000: 252 – 266.

[226] Zhang L X, Huang J K, Rozelle S, et al. Land Policy and Land Use in China [C]. 1997.

[227] Zhao Y. Leaving the countryside: rural-to-urban migration decisions in China [J]. American Economic Review, 1999, 89 (2): 281 – 286.